在线教学模式
创新实践与探索

主编 曹杰 副主编 马慧敏

江苏大学出版社
JIANGSU UNIVERSITY PRESS
镇 江

图书在版编目(CIP)数据

在线教学模式创新实践与探索 / 曹杰主编. — 镇江：
江苏大学出版社，2021.4

ISBN 978-7-5684-1618-4

Ⅰ.①在… Ⅱ.①曹… Ⅲ.①网络教学－教学研究－
高等学校－文集 Ⅳ.①G642－53

中国版本图书馆 CIP 数据核字(2021)第 072437 号

在线教学模式创新实践与探索
Zaixian Jiaoxue Moshi Chuangxin Shijian yu Tansuo

主　　编/曹　杰
责任编辑/王　晶
出版发行/江苏大学出版社
地　　址/江苏省镇江市梦溪园巷 30 号(邮编：212003)
电　　话/0511-84446464(传真)
网　　址/http：//press.ujs.edu.cn
排　　版/镇江市江东印刷有限责任公司
印　　刷/广东虎彩云印刷有限公司
开　　本/718 mm×1 000 mm　1/16
印　　张/10.75
字　　数/216 千字
版　　次/2021 年 4 月第 1 版
印　　次/2021 年 4 月第 1 次印刷
书　　号/ISBN 978-7-5684-1618-4
定　　价/42.00 元

如有印装质量问题请与本社营销部联系(电话:0511-84440882)

目　录

上篇·高校在线教学模式的实践探索

下篇·高校教学管理思考

上篇

高校在线教学模式的实践探索

新形势下应用型本科院校高质量发展之路

曹 杰

摘 要：新形势为应用型本科院校高质量发展带来新的机遇与挑战。本文以全面提升思政教育功能，坚持"产教融合、校企合作"为主线，从优化专业设置与学科建设，推行线上线下深度融合的教学模式等方面，探究新形势下如何有效践行应用型本科院校的高质量发展之路。

关键词：新形势；应用型；院校；高质量

1 引 言

在当前我国发展的外部环境和内部条件均发生深刻复杂变化的背景下，经济社会高质量发展面临着新形势、新使命和新要求。党的十九大报告指出，我国经济已由高速增长阶段转向高质量发展阶段，而高质量发展在 2020 年也面临着很多新形势。新冠肺炎爆发在一定程度上扰乱了我国经济、社会、产业与科技教育发展体系的正常运转，加大了我国高质量发展的压力，新时期的各领域发展要求及其衍生的人才需求，势必为高等教育带来新的发展机遇与挑战。应用型本科院校以培养高层次应用型人才为办学定位，以教学科研服务地方为宗旨，致力于实现培养规格与产业需求、教学标准与行业标准等有效衔接。在新形势时代背景下，研究如何保持这类院校高质量发展的良好势头，具有重要的理论与实践意义。

由于应用型本科院校的高质量发展是一个庞大系统的工程，涉及的问题繁多，影响因素范围广，面临的矛盾复杂多样，并且其衡量标准不够统一，理论探讨相对缺乏，因此，本文仅尝试从以下几个重点方面探究新形势下如何有效践行应用型本科院校的高质量发展之路。

2 应用型本科院校的高质量发展之路

2.1 全面提升思政教育功能

习近平总书记指出，做好高校思想政治工作，要因事而化、因时而进、因势而新；要用好课堂教学这个主渠道，思想政治理论课要坚持在改进中加强，

作者简介：曹杰，管理学博士，教授（二级），博士生导师，现任徐州工程学院党委常委、副校长。

提升思想政治教育亲和力和针对性，满足学生成长发展需求和期待；其他各门课都要守好一段渠、种好责任田，使各类课程与思想政治理论课同向同行，形成协同效应。首先，全面提升教师队伍整体素质及教育技能是思政教育功能提升的重要条件。研究新形势与新问题的各种社会思潮动态，重新设计思政教育目标，安排与之匹配的教育内容，同时，加强自身的思想理论学习，提升运用理论的解释力与教育的说服力，熟练掌握线上线下相结合的混合式教学技能。其次，包括思政教师在内的所有课程教师都要以课堂教学为主要载体，以在线教学为辅助手段，遵循思政工作、教书育人、学生成长的规律，全面统一开展各类课程的思政教育，进而"同向同行，形成协同效应"；本着"因事而化、因时而进、因势而新"的原则，积极挖掘教育素材，增强教学内容的时代感与感染力，采用案例分析、典型宣传、经验交流等方式，引导学生深入思考、总结与实践，强化学生的国家与民族自豪感，凸显责任意识教育。第三，充分发挥应用型高校人才培养的特点，鼓励与支持学生适当参与新形势下的各类志愿服务，引导他们身体力行、知行合一，切实以"服务人民、奉献社会"为己任。

2.2 坚持"产教融合、校企合作"为主线

2020年，中国是较早采取措施控制新冠肺炎蔓延的国家，我国各地产业链和供应链的恢复相对较快。但是，有些企业的国际化程度较高，若其他国家的新冠肺炎没能得到全面控制，就很难保证国内产业链恢复的稳定性。这恰恰为应用型本科院校以"产教融合、校企合作"为主线的高质量发展提供了新契机。新形势对于各类行业或产业的影响程度不尽相同，各产业之间原有的平衡已被打破，目前的新平衡正在建立。具体来说，这在客观上推动了线下产品或服务的线上化与数字化进程，线上新业态稳中有升；大数据、区块链、人工智能、物联网等先进技术在疫情期间发挥了不可或缺的作用。应用型高校应积极把握时机，研判和分析产业发展的新趋势，密切关注重点产业的发展动向，优化整合各项优质资源，精准对接新兴产业的需求或原有产业新需求，有针对性地及时调整学院专业设置及其方向定位，这正是打造新专业品牌、形成特色的基础条件，是高校高质量发展的必由之路。

2.3 优化专业设置与学科建设

面对新形势下的产业链调整，坚持"产教融合、校企合作"这一主线，优化专业设置与学科建设，形成特色鲜明的办学定位、人才培养模式及专业设置，确保应用型本科院校的高质量发展。首先，调研新形势下社会对人才的需求情况，通过资源整合统筹规划学校专业整体布局，优化设置与社会新需求紧密结合的各类专业；其次，适时酌情调整各专业的人才培养定位、培养目标及毕业要求，同时优化课程体系，尽可能避免学生专业实践能力与职业新发展需求相脱节的问题出现；第三，立足于区域经济社会的发展需求，审时度势地优

化调整学科结构，对应用型及特色学科进行精准定位，促进相关学科间的渗透交融。学科建设的优化对于人才凝聚、创新引领、内涵提升等具有重要的推动作用，也是应用型本科院校核心竞争力增强的主要标志。

2.4 推行线上线下深度融合的教学模式

教育部于 2020 年初，要求"各高校应充分利用上线的慕课和省、校两级优质在线课程教学资源，在慕课平台和实验资源平台服务支持带动下，依托各级各类在线课程平台、校内网络学习空间等，积极开展线上授课和线上学习等在线教学活动"。在特殊时期，为实现"停课不停教、停课不停学"，在线教学发挥了关键性的作用。它打破了时间与空间的限制，极大地丰富了优质学习资源，推动学习和教学方法的多样化运用，促进教师提升信息技术素养，推动学校及教师深入思考如何充分依托现代信息技术提高教学质量与水平，增强学生的学习积极性与自主性。总之，在线教学的优势、必要性及可能性得以凸显。不可否认，同传统的面对面授课方式相比，线上教学的实施确实存在一些显著的问题。例如，授课过程会受到硬件设施及网络平台稳定性的限制；线上交流互动相对缺乏且滞后，很难营造热烈的课堂氛围，难以做到对学生的有效课堂监管，以较好地保证学生的在线学习专注度，教学效果受到了一定的影响。目前，在线下教学正常开展的情况下，为适应现代化教育背景下应用型人才培养的要求，仍需辅以在线教学手段进行"应用型"教学范式重构，做到一切工作平稳有序，即大力推行线上线下深度混合的教学模式。

3 结 语

新形势为高等教育带来新的机遇与挑战，催生了高校转型发展的新方向与新内涵，促进高校发展改革走向纵深。在坚定发展信心与决心的基础上，应用型本科院校的高质量发展应着力于以下几个方面：一要将思政教育贯穿于人才培养的全过程；二要搭建或调整多方协同的育人平台，进一步促进产教深度融合、校企紧密合作；三要推动专业设置、学科建设、课程体系等的全方位优化转型；四要实现线上与线下教学的多元融通与优势互补，以达到应用型人才培养的高质量教学效果。在发展过程中，一定要注重相应措施制定和实施的系统性、整体性及协同性，统筹推动学校发展路径真正融入地方社会经济的整体发展布局。

参考文献

[1]　中华人民共和国国务院新闻办公室．抗击新冠肺炎疫情的中国行动［EB/OL］（2020-06-07）．http://www.scio.gov.cn/zfbps/32832/Document/1681801/1681801.htm.

[2]　习近平．习近平谈治国理政［M］．北京：外文出版社，2017.

［3］ 教育部应对新型冠状病毒感染肺炎疫情工作领导小组办公室．关于在疫情防控期间做好普通高等学校在线教学组织与管理工作的指导意见［EB/OL］．（2020-02-04）．http://www.moe.gov.cn/srcsite/A08/s7056/202002/t20200205_418138.html.

［4］ 李晔馨，袁东恒，袁景蒂．后疫情时代的新工科教育:挑战、机遇与应对——后疫情时代新工科教育研讨会会议综述［J］.高等工程教育研究,2020(05):53-56.

［5］ 李辽宁，倪圣茗．后疫情时代思想政治教育的新境遇与新作为［J］.学校党建与思想教育,2020(15):4-8.

［6］ 史秋衡，康敏．精准寻位与创新推进:应用型高校的中坚之路［J］.高等工程教育研究,2018(05):96-101.

［7］ 汤贞敏，王志强．应用型本科院校建设的理想标准与现实进路［J］.高等教育研究,2020,41(05):38-43.

"停课不停学"期间二级学院教学管理研究

马慧敏

摘　要："停课不停学"给高校的教育管理带来了前所未有的挑战，也使得高校教学的应急管理能力遇到了巨大的考验。本文研究了"停课不停学"期间高校教学管理带来的在教学方式、教学技术、教学效果等方面的挑战，并根据二级学院的教学特点，制定了相应的教学应急管理方案，提出了在线教学组织、教学过程管理、教学效果事后反馈等的具体措施，以保证"停课不停学"期间二级学院的教学工作正常、有序进行。

关键词：停课不停学；二级学院；教学应急管理

1　引　言

2020年春季教育部提出，在非常时期学生不能到校上课，因此要利用网络平台进行教学活动，实现"教师在网上教、学生在网上学"，将平时线下的教学过程整体迁移到线上，实现网络课程的居家学习方式，做到"停课不停学"。

2　"停课不停学"期间教学管理面临的挑战

2.1　教学方式的挑战

在线教学给习惯于面对面传统教学的教师带来了极大的挑战。教学方式从传统的在教室中面授向虚拟的网络空间线上授课转变，教师成了网络"主播"，学生则居家学习，师生之间的互动交流、学生情绪的调动及学生的上课投入状态都受到了很大的影响。网络直播教学作为一种新型教学形式，对于电子技术能力和学习能力较强的年轻教师来说问题不大，但对年龄较大的教师来说，则是巨大的挑战。

2.2　网络技术的挑战

现代网络技术是新形势下网络教学的必备工具，更是与在线教学模式相匹配的教学手段。因多种因素的制约，一部分教师尤其是中老年教师，他们所掌握的现代教育技术相关知识和能力与线上教学的要求还有一定的差距。为适应"停课不停教"的教学要求，这些教师必须采取边学习、边实践的形式，提高

作者简介：马慧敏，博士，教授，徐州工程学院管理工程学院院长，主要研究方向为教育管理、营销管理。

必要的微课制作、录播、视频剪辑等技能。线上教学的新模式、新技术给教师带来了较大的挑战。

2.3 学习效果的挑战

相比于课堂教学来说，网络直播授课对学生的自主学习能力是一个极大的考验。线上授课缺乏学习氛围，教师与学生只能是隔空对话，教师不能在课堂上对学生进行及时监督，不能及时获取每个学生的学习动态，不能保证其听课效率，学生对教师所讲知识的掌握程度更多地取决于学生个人的自律。线上教学对学生而言，几乎是一种完全被动接受的学习方式，没有在课堂中与老师、同学互动的学习氛围，缺少有效的及时反馈评价，即使有线上互动，效果也非常有限。线上教学只能完成"讲"的任务，"练"的环节只能让学生自己完成，老师进行有针对性的指导比较困难。网络直播需要借助手机、电脑或其他网络设备才能开展，但由于各地区经济发展程度不同，学生家庭经济背景也不同，在一些偏远地区，网络信号还不能全部覆盖，不具备线上学习的硬件设施和条件，并可能由此对学生造成学习障碍和负面心理影响。

3 保证教学有序进行的有效措施

3.1 快速谋划，制定方案

"停课不停教、停课不停学"期间学校不能组织面对面的教学，教学工作只能在线上进行，因此要快速制定"二级学院线上教学管理方案"。

首先，明确总体要求。根据上级及学校对"停课不停教、停课不停学"的具体要求，制定二级学院的疫情期间教学管理方案，方案中明确思想认识，严明工作职责，统筹抓好公共卫生管理和学生教育管理，引导全院齐心协力完成教学任务。确保任课教师遵循"立德树人"的原则认真组织开展在线教学活动，开展教学活动和发布教学资源均不得违背法律法规、公序良俗，做到教书育人，德育为先，在传授知识的同时做好学生的思想教育及心理疏导工作。

其次，明确教学安排。对理论教学、实践教学的授课方式、学习资源、线上线下的衔接等做出安排。理论课教学，原则上除了通识选修课及原计划开课时间较晚而不受影响的课程外，教师应严格按照教学计划安排申报在线课程授课计划，并由学院审批、备案。为了便于管理，应要求教师运用学校推荐的授课平台，首选本校教师自建的在线开放课程资源、微课程（群）；其次推选知名度较高的在线课程资源，如中国大学 MOOC、智慧树等公共课程平台及各高校免费开放的与课程教学目标、教学内容一致的课程资源，组织学生在线学习。注意"优先选择国家级、省级精品在线开放课程资源"，当然教师还可以利用 QQ 群直播、微信群聊、腾讯会议等即时通信工具建立直播平台，进行视频或音频直播授课。对于实践教学课程，则应该停止一切校外实践教学活动，以保证实习师生的身体健康。对于校内的虚拟仿真实验，酌情进行重新统一安排补课，确需开课的，可以考虑利用教育部开放的实验资源平台，先开设可以通过虚拟仿真完成的教学项目。对于毕业论文写作、学年论文写作等，应通过网络会议、网络通知等方式做好相关工作安排，确保毕业生如期完成人才培养方案、其他在校生完成相关课程任务。指导教师应充分利用学校毕业设计（论文）管理系统及其他实时通信方式在线完成毕业设计（论文）、学年论文的指导工作。

3.2 科学组织，协调工作

二级学院应在第一时间成立以院长为组长、教学副院长为副组长、教学秘书和各专业负责人为成员的领导小组，下设教学管理组、教工服务组、学生联络组等小组，分别负责教学管理、教师线上授课问题处理、学生信息联系等。该领导小组对外领会上级的文件精神，对内组织及协调学院教学工作及学生工作。领导小组组成及职责如下：

（1）××学院领导小组

组长：院长、书记；副组长：教学副院长、副书记；组员：教学秘书、各教研室（系）主任、实验室主任、教学督导。

职责：① 落实防控主体责任，全面负责二级学院全体师生疫情防控摸排协调与日常管控工作，落实快速反应机制。② 负责协调各工作小组及部门的防控工作。③ 全面负责二级学院任课教师上课、学生上课的组织管理准备工作以及其他教学科研各项工作的开展。④ 执行学校工作领导小组的决定以及交办的各项工作任务。⑤ 做好二级学院全体师生、员工的思想政治工作。⑥ 其他工作。

（2）教学管理组

组长：教学副院长；组员：教学秘书、各教研室（系）主任、实验室主任、教学督导。

职责：① 制定线上教学方案，并组织实施。② 负责线上线下的教学质量监控与督导。③ 结合实际，适时调整教学方式和教学内容。④ 负责做好学生到校后线上线下课程的衔接，以及前期线上授课的成绩考核工作。⑤ 负责做好相关实习、实训教学的推进与督导工作，以及学生到校后的实习、实训调整安排工作。⑥ 教务教学方面的督导。⑦ 其他教学管理工作。

（3）教工服务组

组长：书记；组员：院办主任、副书记、院办相关人员。

职责：① 负责办公室日常工作，落实学校领导小组交办的各项防控工作任务。② 负责信息汇总、报告和总结，并向学校相关部门报告二级学院的情况。③ 负责安排办公室、教研室、实验室、教授工作室等的卫生防疫与清洁督查工作。④ 做好舆情信息监测、收集、分析、研判和处置，及时跟踪、了解和掌握网络舆情动态。⑤ 发挥党组织志愿服务、爱心捐赠、党员先锋模范作用。⑥ 其他职工管理工作。

（4）学生联络组

组长：书记；组员：副书记、学生科长、辅导员。

职责：① 牵头组织学生工作方案的制定。② 全面负责学生疫情防控摸排协调工作，对学生公寓进行封闭式管理。③ 做好学生思想教育和心理疏导工作，全力做好学生稳定工作。④ 制定线下授课时学生日常管理方案。⑤ 制定学生体温检测方案，确保每人每天一次体温检测全覆盖。⑥ 建立学生隔离等防控和救治快速反应机制。⑦ 其他工作。

（5）科研工作组

组长：院长；成员：科研副院长、科研秘书、科研骨干。

职责：① 对标学校科研、学科年度任务要求，做好年度学科建设工作总结，安排好下一年年度工作计划。② 扎实组织好国家自然科学基金、社科基金项目及后期资助项目等相关国家级项目的申报工作，启动教育部人文社科基金、省自科基金及社科基金等省部级项目的申报工作。③ 加强科学研究，在公共卫生、应急管理等方面开展应对措施研究，为党和政府的应急管理提供决策参考。④ 其他科研工作。

3.3 措施到位，过程控制

在线上课程教学开始之前，任课教师应在学院的组织下结合专业与课程特点科学选择在线授课方式，并上报学院其上课的网络课程地址、组建的课程群号等。教务科要逐一核实网址链接的可靠性，学院组织相关专业教师组成团队，检查链接资源的适用性、针对性，对于不合适的网络课程，要求教师重新寻找课程资源；将组建的课程群号通过学生科通知到每一位学生，并由班长确认所有的学生都已加入课程群。

为保证课程按时进行，防止网络卡顿，要求学生在上课前 10 分钟在学习平台打卡，班级学习委员根据打卡情况统计每节课的到课率，并于每天上课结束后在班级群公布。

实行班长负责制，班长负责与任课教师做好对接工作，按时提醒、督促、组织本班同学上课、打卡和完成作业。

学生的上课保证。由于采用在线教学，教师不能直观地观察到学生的课堂表现，所以要利用在线教学平台的相关功能，比如一般的教学平台都有学生签到功能，可以利用此功能让学生进行上课签到；对课堂上表现优秀或者表现较差的学生进行记录，帮助老师实时了解学生的学习、表现情况；也可以通过平台通知栏提醒每一位学生教师发布了新的学习资源、新的作业，通过通知栏还可以进行作业到期提醒等，通过班级通知栏可以提高在线教学效率。

领导小组及成员在线听课。领导小组及成员应按课表自主选择在线教学班级随机听课，可通过中国大学 MOOC、雨课堂、学习通、QQ 群、腾讯课堂、钉钉会议等多种方式联通在线课堂等教学平台或教辅工具进入课堂，在线督查教师教学和学生学习情况，及时发现线上教学过程中好的做法及问题，并给予教师指导和帮助。

3.4　开展调查，反馈改进

为了全面了解线上教学的效果，二级学院要组织开展线上教学情况反馈工作，设计关于学生满意度及教师适应性等问题的调查问卷，针对开学以来开展的线上教学活动，从教师教学、学生学习、教学管理、教学平台使用等方面，对线上教师授课、学生学习状况做一次全方面的调查，了解学生对线上教学的接受程度，以及师生对线上教学实施的意见和建议。学院应及时对线上收集到的问卷进行汇总分析，形成反馈报告，并将报告提交给学校，供学校教学管理政策研究使用。通过调研报告，以期持续改进学校的线上教学工作，推动学校的教学模式改革和教学质量的提升。

3.5　教研紧随，成果申报

针对这个特殊时期，二级学院可以开展"抗疫期间教学成果征集启示"活动，以记录疫情期间教师的教学心得与体会，并汇集成册。征集内容包括相关论文的写作、教改/教研方面的相关课题申报，针对疫情期间教学实施及学生管理等方面的紧迫需求，以线上教学给传统教学带来的冲击、课堂形式的转变、有效的在线课程组织等各种实际问题为切入点，围绕线上教学过程、教学管理等方向开展研究工作，鼓励教师联合其他院校或企业界人士进行共同研究。

4　总　结

"停课不停学"对于大学的挑战不仅是对教师在线教学能力的挑战，也是对学校特别是二级学院的在线教学服务保障能力、管理能力的挑战，使得整个教学过程面临教学计划被打乱、实践类课程难开展、毕业论文答辩受阻碍、教学质量及考试考核难监测等问题，给教学管理带来了巨大的考验。针对特殊时期，高校的二级学院作为教学的直接执行部门，必须要制定行之有效的教学应急管理方案来应对挑战与机遇。

面对教学空间改变、教学平台改变、教学方式改变、课程资源改变，我们需要重新认识与思考当下及未来新的教育理念、教学模式和教学组织形式，利用"互联网+"的发展新业态，充分发挥线上与线下教学的不同优势，建设一流的在线开放课程和特色示范课程，打造一批线上"金课"或线上线下混合式"金课"，总结经验、巩固成果，推进现代教育技术在日常教学中的广泛应用，全面提升教学管理的危机应对能力。

参考文献

［1］ 薛成龙,李文.国外三所大学线上教学的经验与启示［J］.中国高教研究,2020(4)：12-17.

［2］ 黎世锟.重大疫情背景下高职院校线上教学管理策略［J］.高教论坛,2020(06)：99-103.

［3］ 张政文,王维国.统筹做好疫情防控和教育改革发展工作［N］.中国社会科学报,2020-03-19(3).

［4］ 张建雄.后疫情时期高校教学模式转变探究［J］.赤峰学院学报,2020(9)：96-99.

［5］ 钟珊.疫情期间毕业设计(论文)线上组织与实践探索［J］.中国大学教学,2020(9)：72-74.

多平台在线教学中对课程教学体系的再思考

——以"管理信息系统"课程为例

李 琼

摘 要：在互联网的高速发展中，各类在线教学平台不断涌现，提供了一种全新的在线教学模式，为学生提供了更加丰富的教学资源，为教师提供了更加灵活的教学手段。在多平台在线教学中，本文以"管理信息系统"课程为例，从教学内容、教学资源、教学组织、教学监督等方面对课程教学体系进行再思考，旨在为其他课程的多平台在线教学提供参考。

关键词：多平台；在线教学；教学体系

为落实国家及江苏省工作的具体要求，保障学校本科教学工作的正常开展，各大高校都已经明确要求任课教师结合专业与课程特点科学地选择在线授课方式，有效利用各种在线学习资源、即时通信工具组织开展教学，充分调动学生的学习主动性、积极性，确保线上教学与线下教学同质等效。

相较于线下学习，在线学习无时间、空间限制，更加灵活方便；在线学习对于那些知道要学什么以及怎么学的学生来说，可以按需学习，能很好地适应个性化学习的要求；在线学习可以反复学习，一般在线课程都配以授课视频，如果是直播课程，学生也可以利用录屏软件将直播的授课过程录下来重复观看，学习效率大大提高。但在线学习只能提供虚拟的交互和协作平台，教师与学生无法像线下学习那样面对面地交流和协作。此外，在线学习对学生要求较高，不仅要求学生能主动学习，还要求学生有很好的自我约束能力，能自主按照学习计划控制学习时间和进度。

以往的教学多以线下为主，教学设计多是为线下教学而准备，大多数教师缺乏线上教学的经验，因此，如何开展在线教学并达到线上教学与线下教学同质等效的要求，成为当下各位教师所面临的亟待解决的问题。

1 "借他山之石，琢己身之玉"

在线学习与线下学习有明显的区别，这就要求我们在进行在线教学时必须考虑到它的优势与劣势，并对其优势加以合理利用，从而达到最佳的教学效果。如何通过线上教学圆满地完成相关教学任务，我们选择"借他山之石，

作者简介：李琼，徐州工程学院管理工程学院教师，硕士，讲师。研究方向为信息管理。

琢己身之玉"。

　　为保障各高校在线教学的组织与实施，教育部已免费开放包括 1291 门国家精品在线开放课程和 401 门国家虚拟仿真实验课程在内的在线课程 2.4 万余门，"管理信息系统"课程也在其中。这些国家精品在线开放课程均为经过长期建设、相对完善的在线课程，其在线教学各环节的设计、教学资源等都是我们学习的对象。例如通过搜索，在中国大学 MOOC 和学银在线上能找到多门"管理信息系统"相关课程，如图 1 和图 2 所示。

图 1　中国大学 MOOC"管理信息系统"相关课程列表

图 2　学银在线"管理信息系统"相关课程列表

2　对课程教学内容的再思考

　　在"管理信息系统"课程的前期教学准备工作中，首先对课程的教学内容进行了再思考。

　　对上述两个平台中"管理信息系统"相关课程的教学内容及教学设计进行详细的调研，在以教学大纲为根本的前提下，结合我校学生的实际情况，对"管理信息系统"课程的教学内容从如下两方面进行了再设计，如图 3 所示。

图3 教学内容再设计思路

① 知识点划分时，注意碎片化。这里的碎片化是指对学习内容进行碎片化分割，这样处理学习内容后，每个知识碎片的学习时间变得更加可控，单个碎片内容的学习时间较短，可保障学生的学习兴趣，学生对于知识的吸收率也会有所提升；另外，学生可根据自身情况重点学习对自己更有帮助或启发的那部分内容。

② 根据知识点特征判断哪些知识需要进行视频观看、哪些知识点需要图文资源学习、哪些知识点可以通过案例进行讲解、哪些知识点需要组织学生活动。表1是"管理信息系统"课程第1章内容知识点的再设计示例。

表1 "管理信息系统"课程知识点再设计示例

知识点 （第1章 MIS概述）	视频	图文	案例	活动
信息社会时代		√	√	
信息	√			
系统		√		
信息系统	√			
信息系统发展阶段	√	√		
管理信息系统概念	√			
管理信息系统结构	√	√		
管理信息系统的发展趋势				√

3 教学资源的整合

充分利用中国大学 MOOC、学银在线等教学平台和网络资源，对优选出的相关教学资源及其他网络资源进行整合，完善"管理信息系统"课程的教学资源库建设。

教学课件与视频：通过对优选的参考课程视频进行分析，结合我校学生特点，确定通过在线方式将知识点展示给学生，以调动学生的学习积极性和主动性。由于时间紧迫，对每个知识点都自行录制教学视频有一定的难度，可以通过录屏等方式将合适的教学视频借用，然后再在后期的课程建设过程中逐步完善。

习题：通过网络资源的整合，建立更加丰富的习题库，让学生在习题练习中加深对重难点的理解。

案例与讨论素材：结合教学实际及网络资源，将本课程知识与生产生活中所经历的典型、富有多种意义的事件相结合，设计相关案例，借此引发学生思考，激发学生的学习热情。

在对上述相关教学资源进行收集和整理的过程中，在超星学习平台建设"管理信息系统"在线课程（图4），为参与本课程学习的学生提供一站式服务，无需为获取相关教学资源而在不同平台、不同网站进行切换。

图4　"管理信息系统"在线课程

4 课堂教学的组织

4.1 "学习通+QQ 群+MOOC"模式

"管理信息系统"课程的在线教学采用"学习通+QQ 群+MOOC"模式。

① 学习通有较好的学生学习状态监控功能，如签到、抢答、选人等，但由于流量较大，经常出现拥堵。因此，在授课过程中尽量避免刚上课时就使用上述功能，在上课过程中通过选人、讨论等方式监督学生的学习状态，在课后通过查看任务点的完成情况、作业的完成情况等来了解学生的学习效果。

② QQ 群网络比较稳定，主要用于课堂教学的组织。教学中通过语音通话和屏幕分享等功能组织学生，按照教学安排将本次课程的教学内容推进下去。此外，也可以将相关教学资料上传至 QQ 群文件，以备学习通和 MOOC 平台拥堵时使用，从而保证教学活动的有序开展。

③ MOOC 平台有较为完整的课程体系。为了让学生在网络学习中更系统地理解和掌握相关知识点，通过仔细比较，选取了中国 MOOC 平台中与本课程教学目标、教学内容相近的华中科技大学的"管理信息系统"MOOC 课程来辅助教学，并对中国大学 MOOC 平台中其他"管理信息系统"课程的相关内容进行录屏，并上传到学习通平台，以丰富学生的学习资源。

4.2 教学组织

① 带领学生了解本门课程的知识体系。因后续在线课程的知识讲授有碎片化的特点，因此首先将课程的知识体系呈现给学生显得尤为重要，"管理信息系统"课程框架如图 5 所示。

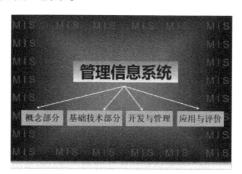

图 5 "管理信息系统"课程框架

② 在线授课过程中利用教学视频协助讲解相关知识点。在观看教学视频之前，为学生设置问题，引导学生有针对性地观看相关知识的讲解；在观看后，对前期设置的问题进行提问，检查学生的观看效果，并对视频中的知识要点进行强调。

③ 引导学生构建自己的知识网络。每个章节结束时带领学生梳理已学到

的碎片化知识，理清知识点间的关系。按照这样的方式，学生就容易构建完整的知识网络。

④ 引导学生找到知识网络的触点，延展学生的知识网络。触点知识即学生感兴趣的、但尚未进行探索的知识。在线教学中可以引导学生回想自己的知识网络，思考触点知识如何与自己已有的知识联系起来，并考虑如何将新的知识纳入自己的知识体系，延展自己的知识网络（图6）。

图 6　"管理信息系统"知识网络延展示例

5　教学监督

在线学习只能提供虚拟的交互和协作平台，对学生的要求较高，不仅需要学生能主动学习，还要求学生有很好的自我约束能力。因此"学生到底有没有在学，到底学得好不好"，有没有达到"线上线下教学同质等效"的要求是目前教学监督过程中的难点。

“管理信息系统”课程目前的做法是，通过课前在平台设置签到、课中进行互动、查看课后作业等任务是否完成及完成质量等来进行衡量。尽量在引导的基础上加以监督，多维度评价学生的学习表现。

综上所述，多平台在线教学实施过程中，教师应以教学大纲为本，结合在线教学的特点对教学内容进行再思考，为具体教学环节的设计奠定良好的基础。在具体教学环节的设计过程中应充分发挥教师的引导、监督作用，通过鼓励学生交流、发布有深度的帖子等方式，培养学生自主学习的能力，提高学生学习的主动性和积极性，从而达到良好的教学效果。

参考文献

[1] 柏金，王谦．工程热力学线上线下混合式教学模式的构建与优化[J].高等工程教育研究，2019(S1)：283-285.

[2] 陈武元，曹荭蕾．“双一流”高校在线教学的实施现状与思考[J].教育科学，2020，36(02)：24-30.

[3] 孙蕾，梁艳，王维生．基于SPOC+Problem orientation的环境微生物学混合式教学设计与初探[J].微生物学通报，2019，46(05)：1226-1234.

[4] 李军刚．高校思想政治课“混合式”教学模式探索[J].理论导刊，2019(11)：120-125.

[5] 张娟．线上线下互动下的远程教育模式构建[J].继续教育研究，2015(11)：38-40.

"管理信息系统" 课程 P-F-I 教学模式实践探索

陈丰照

摘　要：为了更好地适应 "互联网+" 背景下对 "管理信息系统" 教学的新要求，本文将传统的教学模式转变为新型 P-F-I 组合教学模式，在整个教学过程中调动学生的学习主动性，体现了学生作为学习的主体，而教师起到引导性的作用。教师可以利用在线平台创建课程资源体系，制定相应的教学内容、教学计划，通过在线平台还能够提高学生与教师之间的沟通效率，从而提升教学水平。

关键词：管理信息系统；教学模式；探索

1　引　言

"管理信息系统" 课程是经济与管理类专业的专业基础课程，该课程是综合了管理科学、系统科学、计算机科学等多学科的内容，既具有较深和较宽的理论基础，又是一门实践性很强的课程。

"管理信息系统" 课程对经济与管理类专业学生的要求与理工类学生不同。对于经济与管理专业的学生来说，"管理信息系统" 课程并不是为了培养他们成为系统开发人员，而是培养他们的信息素养和应用信息系统的能力，让学生掌握企业管理工作中所需要的信息管理知识和技能，在实践中把管理思想和信息技术相结合，提高管理决策水平。经济与管理类专业的 "管理信息系统" 课程的主要教学内容包括了解管理信息系统的全球应用现状、掌握管理信息系统的基本概念、信息技术基础设施、管理信息系统的开发方法、数字化时代的关键系统应用、管理信息系统的项目管理等。"管理信息系统" 课程需要与时俱进，紧跟实践应用前沿。

管理信息系统应用的第一阶段以自动化应用为主，第二阶段以优化运营为主，现在已进入第三阶段，即利用人工智能、大数据、云计算、物联网等技术进行管理创新、产品或服务创新、商业模式创新。管理信息系统的技术架构、开发方法、数据组织管理方式等发生了巨大变化，这些变化要求 "管理信息系统" 课程更新知识体系和采用更有效的教学方法。

作者简介：陈丰照，教授，长期从事信息管理与信息系统方面的教学与科研工作，江苏省 "333 工程" 培养对象。曾主持多项国家、省、市级科技项目，申报并获批软件著作权 12 项、专利 8 项，主编教材 2 部，获省（部）级科技进步二等奖 1 项、三等奖 3 项。

2 经济与管理类专业"管理信息系统"课程教学现状

2.1 学生不重视

部分学生认为这门课程与自己的专业联系不紧密，学生的学习热情不高，不利于课程教学效果的提升。

2.2 理论与实践教学融合不够

在课时设置上采用 48 个理论课时加 12 个实践课时，实践课时安排相对偏少。理论课主要以多媒体教学和教师讲授为主，教师在课堂中起着主导作用，学生被动学习。理论教学与实践教学相脱节，学生解决实际问题的能力得不到有效的锻炼和提高。

3 经济与管理类专业"管理信息系统"课程教学分析

3.1 针对不同专业，"量体裁衣式"设置教学案例

针对市场营销专业，让学生分析客户关系管理的案例；针对人力资源管理专业，让学生分析绩效管理的案例；针对会计专业，则结合财务共享中心和财务机器人的案例让学生学习。这样可以让学生把专业知识应用于本课程的学习中，提高学生的学习兴趣。同时，将信息技术领域的发展前沿和研究成果用于课堂教学中，让学生体会到课程的重要性和实用性。

3.2 有效开展实践性教学

对于经济与管理类专业的学生来说，本课程的实践主要是让学生掌握管理信息系统的重要子系统的计算机业务处理流程、功能，子系统之间的关系，计算机内部控制等，因此需要有效开展实践性教学。

通过以上分析，采用 P-F-I 组合教学模式，让学生在课前复习相关理论知识和自主学习新知识，在课内和课外进行案例分析，在课堂教学中可以增加实操训练难度和互动，让学生在实践中总结规律，加深对理论的理解，提高学生分析问题、解决问题的能力。

4 P-F-I 组合教学模式介绍

"P（Problem-based Learning）+F（Flipped Classroom）+I（Integrative Case Study）"简称"P-F-I"，P-F-I 组合教学模式包括问题导向学习教学模式、翻转课堂教学模式和整合案例分析教学模式。

4.1 问题导向学习教学模式

问题导向学习教学模式是一套设计学习情境的完整方法，是以学生为中心的教育方式，它将学习与更大的任务或问题挂钩，通过学习者的自主探究和合作来解决问题，从而学习隐含在问题背后的科学知识，形成自主学习的能力，解决问题的能力。

4.2 翻转课堂教学模式

翻转课堂教学模式是指学生提前在课外完成知识的学习，而课堂变成了教师与学生之间、学生与学生之间互动的场所，提高了课堂效率和教学效果。翻转课堂重构了学生的学习过程。"信息传递"过程在课前完成，教师在课前提供视频，还可以提供在线辅导；"吸收内化"过程在课堂上通过互动完成，教师提前了解学生的学习困难，在课堂上给予有效的辅导，课堂上学生之间的相互交流更有助于促进学生对知识的吸收和内化。如在对 ERP 软件知识进行教学的过程中，某个学生遇见一个难题，教师一般不会直接告诉学生答案，而是提供一个解决问题的思路，让学生互相探讨和分析错误的可能原因，然后再想办法改正错误和消除错误；在解决问题的过程中，学生掌握了 ERP 软件的内部处理过程、各个功能模块之间的内部逻辑关系、ERP 软件中的内部控制，这才真正达到了教学目的，通过 ERP 软件的操作实践掌握管理信息系统的相关理论。

4.3 整合案例分析教学模式

整合案例分析教学模式将大案例与小案例、文字案例与视频案例、评述型案例与讨论型案例等进行整合，以小案例穿插局部以拓展学生的视野和深化认识，以大的整合案例贯穿全程以深化学生对知识的理解。整合案例分析法的"整合"主要是指教学过程中不同类型案例的整合应用。整合案例分析教学模式的实施可以优化教学内容，确保最合适的案例用在最恰当的位置。实施过程中可以使用实践型的项目案例以覆盖本课程的各个基本主题，可以使用最新的公司和公共组织的案例帮助解释重要的概念，也可以在每一个教学过程中或课后案例分析中使用同一个公司的滚动案例。

4.4 三种教学模式的配合使用

以翻转课堂教学模式为主对课程的教学内容和课时安排进行设计，在学习新知识时采用问题导向教学模式，整合案例分析教学模式主要用于加深对知识的理解。

5 基于 P-F-I 组合教学模式的经济与管理类专业"管理信息系统"课程教学设计

5.1 改进前的课程教学设计的不足之处

改进前的"管理信息系统"课程教学设计如表 1 所示。

表 1 改进前的"管理信息系统"课程教学设计

教学内容	课程性质	理论课时	上机课时
信息系统和管理	理论	1	
管理信息系统概论	理论	2	

续表

教学内容	课程性质	理论课时	上机课时
管理信息系统技术基础	理论+上机	3	4
Web 开发的基本技术	理论+上机	2	2
管理信息系统开发方法	理论	2	
管理信息系统的系统规划	理论	2	
管理信息系统的系统分析	理论	2	
管理信息系统的系统设计	理论	2	
管理信息系统的系统实施	理论	2	
管理信息系统的系统运行、维护及评价	理论	2	
项目管理	理论	2	
职能信息系统	理论	2	

5.1.1　不利于理论和实践相结合

由表 1 可知，部分涉及实操性的知识在理论课堂进行讲解，显得不够直观，学生不易理解并感觉乏味，导致学生学习兴趣不高、学习效果不佳。

5.1.2　上机课时不足

管理信息系统课程需要上机实践学习的内容包括 ERP 软件实践、Access 数据库应用系统、VBA 设计基础、Web 开发的基本技术和 Excel 在管理中的应用等，其中 ERP 软件包括很多子系统，如生产管理子系统、供应链子系统、财务会计子系统、成本管理子系统、人力资源管理子系统等，虽然学生可根据不同的专业选择学习其中的一个或两个子系统，但每个子系统都包括许多功能模块。因此，6 个总上机课时远远不够，只有安排课外上机，但由于这些系统软件的理论和实践相结合的复杂性，教师远程指导效果不佳。

5.2　改进后的课程教学设计

以上问题可通过 P-F-I 组合教学模式解决，利用这种教学模式能更有效地让学生掌握"管理信息系统"课程的理论知识和大幅提高知识的应用能力，以达到教学目标。改进后的"管理信息系统"课程教学设计如表 2 所示。

表 2　改进后的"管理信息系统"课程教学设计

教学内容	课程性质	理论课时	上机课时
信息系统和管理	理论	1	
管理信息系统概论	理论	2	
管理信息系统技术基础	理论+上机	3	4

续表

教学内容	课程性质	理论课时	上机课时
Web 开发的基本技术	理论+上机	1	2
管理信息系统开发方法	理论	1	
管理信息系统的系统规划	理论	1	
管理信息系统的系统分析	理论	1	
管理信息系统的系统设计	理论	1	
管理信息系统的系统实施	理论	1	
管理信息系统的系统运行、维护及评价	理论	1	
项目管理	理论	1	
职能信息系统	理论	1	

参考文献

［1］ 翟培,韩晋辉. 互联网+背景下高职食品安全理实一体课程能力本位教育教学模式实践探索——以《食品安全快速检测技术》为例［J］. 轻工科技,2020(7);29.

［2］ 李英 .PBL 教学模式下计算机网络实验课程的教学改革［J］.计算机产品与流通,2020(4);99.

［3］ 戴志强 ."互联网+教育"混合教学模式下高校计算机教学研究——以程序设计课程为例［J］. 信息与电脑,2020(6);80.

［4］ 张麦玲 , 王鸿铭 . 基于智慧课堂平台的翻转课堂教学模式研究——以《计算机网络技术》课程为例［J］.现代教育技术 ,2020(6);14.

"经济学原理"在线教学模式探索

牛鸿蕾

摘　要：随着高校在线教学模式的迅猛发展，现代教育技术与教育教学的深度融合正加快进行。针对"经济学原理"课程，本文从总体目标、基本要求、教学形式、组织实施等方面探索其在线教学模式，以期在实践探索中归纳总结经验，为进一步推进在线教学模式的改革提供参考。

关键词：经济学原理；在线教学模式；实践探索

1　引　言

20 世纪 90 年代末以来，互联网与多媒体技术迅猛发展，线上教学方式也随之流行。线上教学实施平台在很多高校的核心课程教学中应用较为广泛，不仅具有教学资源丰富、交流互动便捷、参与方式灵活等诸多优势，还有助于从根本上改变传统课堂教学中的师生关系，以多媒体、多感官、立体化形式带动学生参与到教学活动中，使学生获取大量知识信息并获得深刻的感悟，从而提升学习的效率与效果。2020 年初的特殊时期，按照教育部"停课不停学"的总体部署和要求，全国高校纷纷开启了大规模在线教学模式。本文以"经济学原理"课程为例，探索在脱离课堂教学的情况下如何有效构建并实施在线教学，其中涉及总体目标、基本要求、组织实施与效果考核等诸多方面，具有较强的现实意义。

2　"经济学原理"在线教学模式

2.1　总体目标

作为经济与管理类专业的核心必修课程，"经济学原理"在线课程的总体教学目标包含两个层次：① 借助各种网络教学手段，顺利完成教学直播、视频展播、教学方案与课件展示、教学方法介绍、自学与辅导环节设置、课后作业布置与批改、网上测试、教学质量监控等各个教学环节，帮助学生牢固掌握基本经济理论，树立创新意识，为今后学习财政学、金融学、会计学等奠定坚实的基础；② 在师生分离的情况下，通过良性的师生在线互动，保证学生的

作者简介：牛鸿蕾，博士，教授，主讲"经济学原理""专业英语"等课程，研究方向为低碳发展管理。电子邮箱：niuhonglei@126.com。

高参与度和专注度，强化经济学观念，激发学生探究现实经济问题的兴趣，提升其运用经济理论解决现实问题的能力，为后续的毕业设计和从事本专业工作打好基础。

2.2　基本要求

为确保"经济学原理"课程在线教学总体目标的实现，在构建教学模式时应符合以下基本要求：① 内容设计方面。根据"经济学原理"课程的大纲要求，依托在线教学平台，紧密结合理论内容，以应用能力的培养为本，结合本专业人才需求的特质，全面设计在线教学内容。"经济学原理"课程的教学内容包括宏观经济学原理与微观经济学原理两个部分。以微观经济学原理为例，主要涵盖供求理论、市场结构理论、收入分配理论等内容。② 在线教学方式的选择方面。在线教学方式的选择应立足于学校所提供的网络教学平台实际，紧密结合教学内容要求，有针对性、有选择性地灵活运用各类免费网络资源及教学平台。③ 考核方面。鉴于在线教学方式的特殊性，可采用线上考核的方式，测评学生是否达到设定的知识与能力培养目标，应借助多种网络评价手段与方式，同时参照传统现场考核设计的评价类别，将考核分为知识点测试、过程性测试、总结性测试，等等。

2.3　课程类型、教学形式及教学环境选择

借鉴教育技术专业教师的经验，可分别从课程类型、教学形式、线上教学环境等方面对在线课程进行分类梳理，如表1所示。根据课程性质及本专业人才培养方案的要求，"经济学原理"是一门以理论讲解为主、实践演示为辅的课程。因此，本课程的线上教学形式及教学环境的设置情况如下：以实时直播和线下录制"授课语音+PPT"为主的方式讲授主要经济学理论，通过 PPT、微课视频及其他教学资源的实时分享与同步讲解，在与学生的反馈互动中进行实时指导，完成不同的教学任务；总体采用"课程直播+自主学习"，借助爱课程及学习通平台的教学资源（含教学视频、PPT 资料、题库等），利用微信群和 QQ 群进行线上班级管理和交流，布置、督促和评估班级学生自主学习的情况，基于学习通平台点名签到、布置作业、组织学生进行主题讨论、进行习题或试卷测试、开展在线答疑，完成课程考核及学生参与情况的调查等工作。

表 1　课程类型、教学形式及教学环境的分类说明

分类依据	分类结果及说明	
课程类型	理论讲解类课程、软件演示类课程、硬件操作类课程	
教学形式	实时直播授课	类似面对面授课，教师主导教学活动，对设备和技术要求较高。
	学生自主学习	类似课堂自习，学生主导整个过程，这种形式需要教师有课程资源作保障，学生可以利用笔记、网盘、社交媒体等工具完成任务。

分类依据	分类结果及说明	
教学形式	课程直播+自主学习	前两种形式结合。
线上教学环境	在线教学资源与教学平台	如爱课程（中国大学 MOOC）、学习通、学堂在线等。
	在家自助直播平台	如腾讯会议、腾讯课堂等，简便易行。
	在家线上教学管理交流平台	利用微信群和 QQ 群进行线上班级管理和交流、布置作业、督促学习、评估班级学生自主学习情况。

2.4　实施要点与考核方式

在组织实施"经济学原理"课程在线教学的过程中，应注意以下几点：

① 为克服使用单一教学平台的局限性，可同时混用 2~4 种教学平台，但平台种类不宜过多，否则可能会给学生带来较大的不便及适应压力。在雨课堂、智慧树、学习通、腾讯会议或课堂、中国大学 MOOC、QQ 群、微信群等种类繁多的教学平台中，恰当选择并交叉运用 2~4 种教学平台，并有选择地使用不同平台的部分功能，既能充分发挥各平台的优势，又不至于给学生造成较大的困扰。

② 鉴于"经济学原理"课程的性质、内容、教学目标及师生实际，采取直播与录播相结合的方式是更好的选择。"经济学原理"课程既涵盖一些对经济学基础理论进行理解与思考的教学内容，又涉及不少过程推导和步骤操作类的内容。针对前者，应采用直播方式教学，注重教学的实时性、情境性及交互性；而对于后者，应满足学生反复观看、不受时间限制的要求。另外，在教学过程中，应结合学生现有的知识水平与能力等，尽量消除学生的畏难情绪。

③ 在线教学相较于传统课堂教学有诸多优势，但也存在一些弊端，如缺乏深度的情感交流与互动，学生注意力难以长时间集中，等等。为了解决这些问题，可在课上增加更多的互动环节，适时地灵活调整授课方式，在条件允许的情况下，可以让学生在线上公开表达对问题的看法或者展开讨论；在课外可借助各种通信手段与学生经常联系，定期搜集整理学生的学习反馈信息并有针对性地进行相应的教学调整，最大限度地弥补在线教学的不足，以真正提升教学效果。

④ 疫情期间，"经济学原理"课程采用线上考核方式，这种考核方式应以课程教学目标为导向，测评学生是否达到了课程所设定的知识、能力及素质目标。就线上教学而言，授课过程和授课结果同样重要，故采用多元化的考核方式。学生最终的总成绩可为在线考试的期末成绩、直播课堂表现得分、学习通平台表现得分与小组表现得分的加权平均值，相应的权重可依次设定为 50%、20%、20% 和 10%。

3　结　语

以往在教学中应用翻转课堂、网络平台资源、慕课等，主要目的在于补充、完善与辅助传统课堂教学，但未能完全脱离"课堂"这一载体，仍以现场课堂教学为主导。在疫情的影响下，师生必须彻底脱离现场的课堂教学而采取在线教学方式，以微信群和QQ群为课堂的主要组织形式，全面开展在线教学。不可否认，传统课堂教学具备现场感强、交流直接便利、融入感强等特有的优势，但在某种程度上制约了学生的自主性，不利于培养其学习的自觉性，容易助长学生的依赖心理；而线上教学的虚拟性和远程性将有力促进大学生由被动学习向主动学习转变，挖掘他们自主学习的潜力。

参考文献

[1] 张慧毅,徐荣贞,孙杰,等.基于MOOC教学平台的教学模式建构研究[J].中国教育信息化,2017(02):32-34.

[2] 毛军权.在线教学的未来发展:动向、反思与行动[J].中国电化教育,2020(08):27-32.

[3] 刘海,李姣姣,张维,等.面向在线教学平台的数据可视化方法及应用[J].中国远程教育,2018(01):37-44.

[4] 张兴文,唐冬雁.信息技术辅助教学活动的模式创新[J].中国大学教学,2019(12):54-56,60.

[5] 赵雅文.疫情之下:高校线上教学模式选择[N].中国教育报,2020-03-14(3).

"信息系统分析与设计"线上教学总结及反思

刘 振

摘 要： 2020年春季，在线教学成为学校的主要教学手段。笔者以自己承担的"信息系统分析与设计"课程为例，总结了教学培训、平台选择、资源整合、方案制定等前期准备工作，提出了一系列提高线上教学质量的保障措施，最后针对线上教学普遍存在的一些问题，提出了实施个性化策略、转变教学思路、保障困难学生等相关建议，以此来破解在线教学的困境，不断提高教学质量，培养更多优秀的应用型专业人才。

关键词： 线上教学；教学资源；教学方法；教学手段

1 背 景

笔者一直承担徐州工程学院信息管理与信息系统专业"信息系统分析与设计"课程的教学工作，"信息系统分析与设计"课程是信管专业的核心课程之一。在线上教学这种全新的教学环境下，如何高质量有效地完成教学任务，对于笔者来说是一次全新的挑战和机遇，笔者承受了巨大的压力。

2 前期准备

通过下面一系列有序的教学前期准备工作，不仅增强了笔者的信心和决心，也为线上教学的顺利开展奠定了坚实的基础。

2.1 积极参加培训

在开学之前，笔者充分学习了学校组织的各种线上教学平台的使用和线上教学方法等培训课程，熟悉各种线上教学工具和软件，掌握了在线教学技能，探索适合自己的高效在线教学模式。在线教学要求教师更加重视教学研究，同时不断提高教师个人的教学能力。教师需要对教学内容有深刻的理解和领悟，掌握教学的多方面知识，重视研究学生、了解学情，不断在教学方法上进行探索与提高。授课时所准备的电子教案、电子教材、在线课程、教学视频、教学案例等学习资源应满足授课需要，并能根据学生对课堂的反馈，积极寻找网络教学资源，不断丰富课程教学资源与教学内容。通过不断的线上教学培训，笔者发现，线上教学方式更加强调学生的主体地位，教师主要起引领作用。线上

作者简介： 刘振，博士，副教授，长期从事信息管理与信息系统专业的教学工作，主要研究方向为智能信息处理和企业信息化，发表相关论文10余篇。

教学的核心理念是"以学生为中心，坚持产出导向"，要求学生从"填鸭式"的被动学习转为主动学习。

2.2 选择适合的线上教学网络平台和教学方式

因为在线授课的一切教学活动都要通过网络平台进行，所以选择适合自己和学生的线上教学平台非常重要。在寒假期间，笔者学习了智慧树、雨课堂、课堂派、超星、钉钉等多种平台的功能及操作方法。在如何选择线上教学平台的问题上笔者做了很多思考，线上教学平台既要操作简单，又要适合"信息系统分析与设计"课程教学师生互动性强的特点。另外，还要考虑平台功能是否可以记录学生在线学习的过程性评价，同时还要兼顾网络吞吐量和网速等因素，最终笔者选择了中国大学 MOOC 和超星作为"信息系统分析与设计"课程线上教学的主要网络平台。

根据"信息系统分析与设计"课程的具体授课内容，笔者研究了线上教学方式。目前主要存在四种典型的在线教学方式：网络在线课程、在线直播教学、学生自主学习和电视空中课堂。"信息系统分析与设计"课程具有实践性强的特点，经过研究和多次试验，笔者决定使用"直播+MOOC+超星平台"的教学方式。在线直播教学内容更新及时，能够产生一对一的学习体验，可以有效弥补在线教育的情感缺失。网络直播教学作为一种直接、便捷、高效的教学方式，对类似 MOOC 等基于网络课程的在线教学有较好的支撑作用，有利于提高在线课程的师生交互水平和学习成效。现实中的教学实践也印证了这种教学方式非常适合于"信息系统分析与设计"课程。

2.3 整合线上教学资源

选择好平台和教学方式后，"教什么"的问题随之摆在了笔者面前。笔者在网络上搜索了很多免费的在线教学资源，包括电子版学生教材、电子版教师用书、其他电子版辅助资料和一些优秀的 MOOC 资源。利用这些丰富的线上教学资源，笔者积极学习和借鉴全国高校优质在线课程和虚拟仿真实验教学资源，特别是"国家精品在线开放课程"；再根据"信息系统分析与设计"课程特点、学生特点和授课内容进行仔细挑选，并把资源进行了合理整合，将优质资源引入自身教学中，以方便通过直播与学生进行互动练习，提升课程教学质量。整合后的教学资源结构紧凑，适合课程特点，突出了每节课的教学重点，且符合学生的实际情况，深受学生喜爱。

另外，笔者又优选了国家教育资源平台、本校资源、bilibili 网站和微信公众号中的一些信息系统开发相关资料，在开学之前分享给学生，作为学生线下学习的补充材料，扩大了学生的视野，培养了学生广泛的兴趣爱好。

2.4 制定详细的在线课程方案

笔者制定了详细的"信息系统分析与设计"在线课程方案，包括教学班级基本信息、线上教学学时和周次、在线课程信息（平台、网址链接、群号等)、在线课程教学设计、在线授课章节与内容摘要、线上学习活动任务、学习效果评估方法、课程作业安排、已授课内容学习效果评价等，图文并茂，内容具体翔实，有效支撑了教学任务的开展。

3 保障教学质量的有效措施

在实际的教学工作中，笔者采取了以下措施，极大提升了教学质量，取得了良好的教学效果。

3.1 融入思政知识

在课程教学过程中，利用零碎的时间穿插思政专题知识，传达习近平总书记关于新形势的重要指示，紧扣"立德树人"目标，推动思政创新改革，丰富思政课程形式，着力构建以主题特色课程、学科融合课程、活动拓展课程为三大板块的"守心"思政课程体系。

3.2 强调学习纪律和课程过程考核

笔者深知学生管理的重要性，所以提出了学生必须遵守的网络学习纪律：上课着装必须整齐，不得穿睡衣、打赤膊；线上学习时，不得发表与学习无关的话语或文字，若要发言，一定要请示，得到允许后方可提问，提问时文明用语，问题应与课堂内容有关；每位学生在网络环境下的发言或用其他方式表达的内容，都是课程成绩评价的依据，学生要对自己在网络环境下的所言负责；杜绝干扰学习秩序的情况发生，例如恶意刷屏；一般情况下，不得打开麦克风，课堂讨论时只允许发言者打开麦克风；按时上交作业；上课不得迟到、不得中途退出等。以上这些网络学习纪律能较好地保证在线学习秩序和教学质量，提升教学效果。

结合在线教学的特点，笔者加强对学生上课、参与学习的管理，及时掌握学生的到课率及课堂参与情况，加强课中和课后的有效考核，同时加强学生学习过程的统计分析和评价，为课程过程性考核成绩评定提供切实依据。

3.3 坚持"以学生为中心"

笔者始终遵循"以学定教"，以学生知识、能力和素质需求为目标，确定教学内容、教学设计、教学过程和教学评价，侧重于学生创新、实践能力的培养。在线教学时，根据学情和授课内容来设计每节课和每个教学环节，不断探索和创新教学模式，使用先进的教学手段，以学生为中心，由传统的"以教为中心"向"以学为中心"转变。在线教学中，在"直播+教育"的模式下，学习者成为了主体，教育者的作用是帮助学习者有效实现预期的学习目标，在线授课教师需要适应在线教学中学生角色的变化，真正做到以学生为中心。所以，在整个在线教学过程中，笔者都需要合理的引导学生，这就要求教师在设计教学活动时充分了解自己的学生。

因此，在线教学时，笔者使用了"课前-课中-课后"多方位立体式教学模式。课前预习即学生线上进行自主学习。课中教师线上授课并与学生互动，笔者通过语音、文字及图文结合的方式在线回复学生学习过程中遇到的每一个问题，做到有问必答，及时解决，快速提升学习效果和教学质量。课后结合线上答疑、测验、布置作业等活动巩固课程内容；要求学生观看相应教学视频和完成相应作业，督促学生按时提交作业；及时批改作业，及时反馈作业完成情况，总结学生作业出现的问题，并让学生整改作业，以达到目标教学效果。充分做好线上教学工作，使学生及时掌握每天学习的知识，争取做到日日清，确保教学从有序走向有效，学生学而不乱、学有所获。

3.4 提高学生在线学习的参与度

在线教学时，笔者采取了一些措施以充分调动学生的学习积极性，提高在线课堂的学生参与度，增强学生在线学习的互动性，极大地保障了线上教学质量。为了调动学生的学习积极性，提高学生参与度，采用文字、语音、视频等多种方式进行在线教学；为了拉近师生交流距离，充分利用语音及视频方式；布置学生任务时，增加任务的趣味性，调动学生的积极情绪；设置一些提问环节、抢答环节，引发学生积极热烈的讨论，引导课堂形成乐于交流讨论的氛围；对学生提出的问题和观点及时做出回答和点评；增加学生展示自己的机会，鼓励学生勇敢分享观点、展示成果；发现学生的优点，发现学生的进步，及时表扬学生，让学生感觉受到关注。

3.5 融合多种教学方法

笔者通过超星平台发布教学资源、点名签到、进行随堂测试、布置和批改作业，上传大量的课程视频、教学 PPT、随堂练习、学生作业、补充资料等教学资源，并链接外部优质教学资源供学生学习。在课堂时间配合使用腾讯视频等形式开展翻转课堂，侧重答疑、提问和讨论，充分提高学生自主学习和思考的能力。通过抖音等软件展示实践操作。这些丰富多彩的教学形式，提升了学生在线学习的积极性和参与度。

4 线上教学存在的问题和相关建议

4.1 存在的问题

通过在线教学的实施，笔者发现线上教学在操作中普遍存在以下问题，影响了教学的实际效果。

① 以布置作业为"教"，以完成作业为"学"。有些教师担心学生荒废时间，便一味地加大作业量，只求对学生时间进行逼迫式占领。这种情形往往会导致学生产生抵触心理，出现敷衍的行为，从而导致学习效率低下，不能达到高效学习的目的，出现了形式主义学习的苗头。

② 堆砌海量的网络资源，缺乏一定的针对性。有些教师一味地强调线下学习转为线上学习，但未对各种网络教学资源进行甄别，也未考虑自己所在学

校和专业的具体情况，跟风式开展教学活动，使得学生眼花缭乱，目不暇接，或盲目跟进，没有针对性地学习，浪费了宝贵的时间。

③ 无法监控学生的自主学习，效率低下。教师虽然对学习内容和学习过程进行了认真的选择和设计，却因没有找到科学和恰当的自主学习反馈路径，把布置当落实、把要求当执行、把过程当结果，导致无法对真实的学习效果进行定量衡量。

4.2　相关建议

针对以上问题，笔者提出了以下几点建议。

（1）全面认识"线上教育"

"停课不停学"的核心是学生居家不放松，学有所获、学中有乐。线上教学不是单纯意义上的网络上课，也不只是学校课程的学习，而是一种广义的学习，有助于学生成长进步的内容和方式都属于它的范畴；线上教学不是将线下课堂直接搬到线上，而是应以多样化形式，充分利用信息化技术、网络资源和平台，开展网络教学和线上答疑；线上学习内容不只是狭义的学校课程，而应更加广泛，比如将公共卫生知识、心理健康知识、抗疫先进人物事迹等作为学习内容，进而科学指导学生的学习和生活。线上教学不仅是救急，更是教学改革的契机，它是互联网技术发展与高等教育教学改革相结合的必然产物，有助于整合和共享教育资源，促进教学相长。2020 年春季的大规模线上教学是课堂教学和信息技术深度融合的大演练，也是未来教学改革的切入点和支撑点。线上教育和线下教育融合是教育发展的趋势，学校要深入探讨如何通过育人方式的改进，充分发挥线上和线下教学各自的优势，提升教育质量。

（2）实施个性化策略

每所高校的校情校风不同、信息技术积淀不同、学生家庭环境也不尽相同，学校应保持心平气和的定力，不盲目、不跟风，认真了解学生情况，做好顶层设计，在认真贯彻落实相关文件精神的基础上制定与学校实际相匹配的"停课不停学"工作方案，不给教师和学生增添不必要的负担。教师要想做好网课时代的"主播"，需要对教学内容和教学流程进行系统化、精细化设计，并具备良好的信息选择能力、信息技术能力、组织协调能力、语言表达能力和风格转换能力，所以教师应该进行多样化、个性化教学，并与学生在轻松和谐的氛围中共同探索最佳的线上教学模式。

（3）转变教学思路，打造智慧教学平台

转变教学思路，让教师从"方法和技术"中解脱出来。学校应在原有的基础上积极改善智慧教学基础条件，大力拓展和优化资源，并及时提供在线服务和技术支持，将教师从技术应用的疲惫中解脱出来。学校应该借助智慧技术，全力打造综合服务平台，目前高校内部和高校之间数据共享简单化、碎片化，资源应用及转化渠道不通畅，数据、决策、指挥、应急、智能反应等环节之间缺乏互动，难以为大规模的在线教学提供强有力的技术支撑。各高校应依托大数据、人工智能、云计算、物联网等技术，确保网络教育环境安全，推进优质教育资源的联通共享，构建师生参与、内外结合的优质数字资源共享机制与公共服务体系。在智慧型综合服务平台的基础上，学校还应创建教学过程实时监测的大数据平台，精准采集线上教学全过程状态数据，对教学要素进行个性化分析和评价，构建精准扶教新形式和教学质量管理新生态。

（4）保障困难学生的权益

学校应该多关注来自偏远地区、城市低收入家庭或外来务工者家庭的学生，对受限于客观条件、参与在线学习确有困难的学生，学校应一事一策，制订补救措施，创新管理办法，灵活应对，与学生协商具体的解决办法，必要时可开展特殊方式（如电话、短信、邮件、语音等）的一对一辅导。加强对他们的学习帮扶与心理引导，及时反馈学生的具体情况，确保学生都能参加相应的课程学习，避免"数字鸿沟"演变成"知识鸿沟"。

5 结　语

在线教学存在一些需要授课教师去克服的缺点和困难，比如在线教学缺乏师生面对面的情感交流、缺乏归属感、要求学生具有很强的自律性等；线上直播教学对教师形象性语言等方面也有很高的要求。做好在线教学与开学后课堂教学的衔接也是在线授课教师需要研究的课题。我们要继续深入研究，提前做好在线教学和返校后课堂教学的衔接工作，不仅要关注教育的"方法和技术"，还要提升信息技术的主人——教师的自身素质，这样才能破解在线教学的困境，不断提高教学质量，把信息管理与信息系统专业建设成合格的国家一流本科专业，培养更多优秀的应用型专业人才。

参考文献

[1] 袁耀锋，林凌，王建，等. 疫情防控期间线上教学的初步探索[J]. 大学化学，2020，35(05)：275-278.

[2] 李大鹏，刘震，肖湘平，等. 新冠疫情背景下推进高质量在线教学的现实探索[J]. 中国农业教育，2020，154(02)：27-30,59.

[3] 胡小勇. 如何做好疫情下的在线教学？[J]. 今日教育，2020，624(03)：14-17.

[4] 叶能胜，林雨青，张璐，等. 疫情时期在线教学的探索与实践——以仪器分析课程为例[J]. 中国现代教育装备，2020，337(09)：9-12.

[5] 宋灵青，许林，李雅瑄. 精准在线教学+居家学习模式：疫情时期学生学习质量提升的途径[J]. 中国电化教育，2020(03)：114-122.

[6] 张丽娟，王福昌，赵宜宾，等. 新冠肺炎疫情冲击下高等数学教学改革与探索[J]. 教育进展，2020，10(5)：5.

突发事件背景下 SPOC 教学模式在"物流学"课程中的应用思考

梁子婧，孙宇博

摘　要：针对突发事件对高校课堂教学造成的影响，在充分考虑 2020 年上半年高校教学的实际需求和课程特点的基础上，利用以互联网为核心的新一代信息技术，构建了基于 SPOC 的"物流学"课程教学模式模型。同时把突发事件背景下江苏区域物流发展的典型案例渗透到课程教学中，并从教学流程、学习方法、教学管理等方面进行了课程教学设计，以期为高校物流类专业课程教学改革的深化和 SPOC 教学模式的应用提供借鉴，促进高校物流专业教育理念和教学模式的变革。

关键词：SPOC；物流学；教学设计

1　引　言

2020 年，面对突如其来的突发公共卫生事件，各行各业都受到了不同程度的冲击，教育行业也不例外。2020 年 2 月 12 日，国务院联防联控机制新闻发布会在北京举行，教育部明确要求各类高校延迟开学；2 月 29 日，江苏省教育厅根据中央工作领导小组有关会议精神，并结合江苏省实际情况，强调各级各类学校规范开展线上教育教学活动。在此情境下，各高校都严格落实"延迟开学不停学""停课不停学"，大多数课程都采用在线教学的方式进行。这对于高校课程在线教学既是一次大实验，也是一次实战培训的大考验，更是对这个特殊时期高校教育教学的环境建设、资源建设、教育教学改革前期积累的大挑战。

"物流学"是物流管理和物流工程等专业的先导课程，它全面系统地介绍了现代物流学的基本概念、基本理论和基本技术方法，揭示了现代物流的组成及其发展规律，是学习后续专业课程的重要基础。通过本课程的学习，目的是提高学生对物流管理重要性的认识，了解现代物流与传统物流的联系和区别，

作者简介：梁子婧，博士，教授，研究方向为区域物流、物流运营。
　　　　　孙宇博，博士，徐州工程学院讲师，研究方向为物流系统优化、生活垃圾收运体系优化。
基金项目：2018 年教育部人文社会科学研究一般项目（18YJA630061）：区域物流发展空间差异研究；
　　　　　2018 年江苏省社会科学基金一般项目（18EYB009）：江苏区域物流发展空间格局演变研究；
　　　　　江苏省高等学校自然科学研究重大项目（20KJA120003）。

较好地熟悉现代物流活动的内容、过程和方法，掌握现代物流思想、理论、方法和技术发展的动态，学会用管理的眼光去认识企业物流活动中的诸多问题，为参与物流管理实践打下坚实的基础。

本文紧跟突发事件的防控形势，结合以互联网为核心的新一代信息技术，把握江苏区域经济发展及企业对物流人才需求的特征，借鉴 SPOC（Small Private Online Course）课程教学理念，从教学流程、学习方法、教学管理等方面提出了高校"物流学"课程教学改革的思路。

2 SPOC 教学模式内涵

SPOC（Small Private Online Course），即小规模限制性在线课程，最早由加州大学伯克利分校的阿曼德·福克斯教授提出和使用。其中，Small 和 Private 是相对于 MOOC（Massive Open Online Courses）中的 Massive 和 Open 而言，Small 是指学生规模一般在几十人到几百人，Private 是指对学生设置限制性准入条件，达到要求的申请者才能被纳入 SPOC 课程。当前的 SPOC 教学案例，如 2013 年哈佛大学对"版权法（Copyright）""美国国家安全、战略和媒体面临的主要挑战（Central Challenges of American National Security, Strategy and the Press：An Introduction）""建筑学假想（The Architectural Imaginary）"等 3 门课程进行了 SPOC 实验。随后，加州大学伯克利分校、麻省理工学院、科罗拉多州立大学、杜克大学和范德堡大学等的相关课程也采用了 SPOC 教学模式。国内，天津大学计算机科学与技术学院的翁恺老师在 2014 年 9 月开始采用 SPOC 的方式来辅助课程，随后清华 MBA 也采用了 SPOC 课程，突破了传统保守的教学模式，取得了较好的教学效果。

通过对上述 SPOC 实践教学案例的分析，我们发现 SPOC 教学模式的优势：其一，SPOC 在线教育在大学校园中适应了课程教学的排他性和追求高成就的价值观。正如哈佛大学的罗伯特·卢教授认为，SPOC 的重要性在于在线学习已经跳出了复制课堂课程的阶段，正在努力创造一些更为灵活和有效的方式，帮助大学提高了教学质量。其二，SPOC 重新定义了教师的作用，创新了课堂教学模式，激发了教师的教学热情和课堂活力，让教师更多地回归校园，回归小型在线课堂。在课前，教师是课程资源的学习者和整合者，教师不必是讲座视频中的主角，也不必准备每节课程讲座，但应能够根据学生需求整合各种线上和实体资源。课堂上，教师是指导者和促进者，他们组织学生分组研讨，随时为学生提供个性化指导，共同解决遇到的难题。同时，SPOC 的自动评分功能减少了教师从事重复性活动（例如创建、教授那些没有太大变化的讲座视频内容）的时间，使他们能够腾出时间、集中精力从事具有较高价值的活动。其三，SPOC 更加强调学生完整、深入的学习体验，有利于提高课程的完成率。通过限定课程的准入条件和学生规模，SPOC 能够为这些经过特别挑选的学生定制课程，为他们提供有区别的、力度更大的专业支持，可以增进学生对课程的完整体验，从而避免出现MOOC的高辍课率和低完成率情况。

3 SPOC教学模式模型和课程教学设计

3.1 SPOC教学模式模型

SPOC教学模式与传统的课堂教育和传统的网络课程都不同，SPOC能够实现教师角色的转换，学生自主学习、主动发现知识，营造出师生共同学习与拓展学习的氛围。如何以SPOC为指引，以课程理念为指导，契合课程教学计划，提高课堂教学质量和培养学生的综合能力，建立SPOC教学模式模型是探寻教学课程改革的第一步，也是关键的一步。

SPOC教学模式模型如图1所示，由图1可看出，SPOC教学模式将课程按照教学目标先分解为基础知识掌握、核心能力获取和重要素质培养3个子目标；在此基础上再进一步细分为若干个不同类型的知识点，学生通过观看知识点相关短视频或知识点动画来了解、熟悉并感悟重要的基础知识。同时，在教学过程中，教师要将课程教学目标与课程学习目标协调一致，充分考虑课程教学与学生学习的特点，将分散的知识点有机串联起来，使课程知识体系具有系统性，使学生既能理解课程学习的目标，关注每个具体知识点，理解知识点并且结合实践体会知识点的运用，又能实现对课程知识体系的全面把握，增强教学效果。

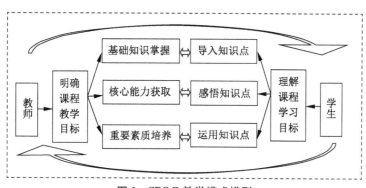

图1 SPOC教学模式模型

3.2 "物流学"课程SPOC教学设计探索

（1）教学流程设计的探索——先学后教

2020年上半年，高校"物流学"课程采用网上授课。根据本课程的性质与特点，在网络授课中，先让学生充分利用网络平台中原有的"物流学"课程资源和题库进行学习和练习；接着以江苏物流行业在特殊时期下受到的影响以及随之催生出来的物流新需求、新技术暴露出来的物流行业短板问题，进行典型案例教学活动；最后通过线上和线下充分交流，梳理并体会物流知识点，引发学生对物流智能化技术的新一轮思考与尝试，为推进江苏区域物流加速补短板和进一步深化物流发展智慧化转型提供相关启示。

可见，SPOC模式的在线教学，充分利用了网上的数字资源和工具，教师在课上的主要教学活动不再是系统的讲解，而是提炼重点、有针对性地讲解，帮助学生理解薄弱环节，课后再利用线上的交流答疑解惑。教学流程由原来的"先教后学"转变成"先学后教"，以前必须由教师做的一些事情，现在由学生自己完成，特别是知识的获取和解决问题这两个环节，教师可以抽出时间做更有利于发展学生高阶能力的教学工作。同样，学生在这样的空间里，完全可以自己利用线上资源完成知识获取，甚至完成实践作业，这有助于发展学生的学习能力。SPOC模式的意义还在于教师可以利用网络直接与学生在线互动去解决疑难问题，提升学生的主动思考能力；通过身边的典型案例，帮助学生在知识迁移和应用过程中发展高阶能力。

（2）课程学习方法的探索——指导性的自主学习

长期的学校课堂教学使人们产生一种惯性，认为学习必须有教师的陪伴。SPOC模式提供的不仅仅是资源，还有认知工具、题库、学习过程管理系统、学习过程数据分析系统，学生利用这些可以有效地开展自主学习，如学生制定自己一天的学习计划，通过这样的实践，学生感受到学习是自己的事，而教师只是学习过程中的促进者和帮助者。在2020年上半年这段时间里，钟南山、李兰娟、张定宇等模范、先进典型和最美逆行者给师生们带来了精神的洗礼，尤其是钟南山亲自提笔给京东的感谢信，点赞京东物流的社会责任和担当。作为当代物流专业的大学生，在特殊时期更应该学好自己的专业知识，主动学习、积极探索，展现出物流人的那份责任、担当、情怀与豁达。

SPOC线上教学成为"物流学"课程开展的新常态，学生经历了居家自主学习的阶段，这个阶段是学生的一个快速成长阶段，自主学习取得了较好的学习效果，有些学生在留言区留言，希望在以后的学习中也可以继续采取这种方式，并坚信这样的方式并不影响学习效果。不可避免的是，采取这种学习方式的学生要比传统课堂投入更多的时间和精力，如小组讨论、大作业等都需要学生化被动为主动，积极思考和实践，这对一些平时自主学习能力比较弱、自我管理能力差的学生是一个挑战。

（3）教学管理方式的探索——时时观测

传统课堂教学管理或者混合式教学模式的教学管理，更多地依赖教师通过批改作业了解学生的学习情况，且依靠教师的智力、脑力来分析学生的学习状态，对教学过程的管理比较粗放。课程老师的观测点就是学生在课堂的表现，课后学生所做的作业及考试情况。但在SPOC模式的"物流学"课程中，所有教和学的行为都可以留下痕迹，可以基于数据进行过程的监控，如可以进行个性化的学习过程分析、学习过程的差异化分析等。

另外，SPOC 模式在线教学可以实时监控每位学生的每次作业情况，对学生的知识点掌握情况做精细的分析，根据每一位学生的学习情况做出综合的评价和分析。如教师可以结合 2020 上半年的特殊时期，针对人们对线上购物、配送到家的需求大幅增长，末端物流服务在应对挑战的过程中需要不断创新发展的问题给出相关作业内容；学生通过运用物流学理论与方法可以自行选择具体题目在线解答，也可以通过课程线上平台完成学习内容的总结。当提交答案后，系统实时显示评分及答案解析，一方面学生可以得到及时反馈，提高学习效果，另一方面教师也可以通过平台的数据统计功能实时了解学生对课程内容的掌握情况，及时调整教学方案。同时，通过对整个教学过程进行需求分析、评价和设计等，既可对学生的整体实践能力进行观测，又对教师教学细节进行了解，这为"物流学"课程教学过程监控、精准评断、个性化指导提供了前所未有的功能。

4　总　结

2020 年上半年，SPOC 教学模式成为"物流学"课程教学的重要手段，取得了较好的教学效果。在未来的教学过程中，将 SPOC 模式和传统教学模式有机结合，可能会成为高校教学改革的方向。同时，根据"物流学"课程的特点和学生特点，SPOC 教学模式还可以融合多种不同的教学方法，如伙伴学习法、翻转课堂、项目教学法及案例教学法，因材施教、灵活应用。当然，根据课程的教学需要，教学团队还要不断关注业界发展动态，丰富和完善各类教学资源，注重"物流学"课程教学资源平台的建设与维护，紧密结合实践，紧跟时代步伐，建成一个动态的、开放的系统，在物流类课程的教学中广泛推广，进一步促进 SPOC 混合教学模式的有效实施。

"物流学"课程教学改革任重道远，要对标一流课程建设的要求，紧密结合新一代学习者的学习特点，及其心理、情绪、思想和价值追求方面的新需求，借助智慧物流技术、智能物流技术和教育信息技术，不断探索物流课程教学方式方法，设计实践更为丰富的教学案例，更好地契合区域物流发展对物流人才的需求。同时坚持"课程承载思政，思政寓于课程"，加强社会主义核心价值观的引领，培养学生的逻辑思维能力和追求真理的科学精神，大胆探索物流管理与工程类专业的改革创新，培养应用型、创新型物流人才，为新时代我国物流高质量发展作出新贡献。

参考文献

［1］　李文斯,凤美艳. 应用型本科物流管理专业《物流学》课程思政的构建与研究［J］.智库
时代,2019(19):222-223.

[2]　刘德军,魏利华,金虹,等.任务驱动教学法在现代物流学课程中的应用实践[J].教育教学论坛,2017(31):161-164.

[3]　刘利民.基于SPOC的混合式教学改革实践——以《现代物流学》为例[J].中国教育信息化,2019(06):60-63.

[4]　牛玉君.物流学课程的翻转式教学与案例教学探讨[J].中小企业管理与科技(中旬刊),2014(12):269-270.

[5]　韦琦,林勋亮.混合式教学模式构建及实施效果研究——以《物流学》课程为例[J].湖北经济学院学报(人文社会科学版),2014,11(02):196-197.

[6]　刘宏伟,梁雯,叶春森.物流学实验课程建设研究[J].物流工程与管理,2017,39(06):191-193.

[7]　房欣桐.关于建设物流学"金课"的思考[J].现代交际,2020(02):200-201.

[8]　俞雯.高校物流学概论课程改革实践研究[J].中国物流与采购,2019(15):58-59.

[9]　朱越,张爽.基于能力本位的物流学课程群教学改革研究[J].经济研究导刊,2015(17):182-183.

[10]　刘威.物流学课程设计和教学方法探讨[J].物流工程与管理,2014,36(07):323-324.

[11]　杨静.能力为本理念下专业课程教学过程探索——以"物流学"为例[J].江苏商论,2020(02):42-44,53.

[12]　冯清利.《物流学》课程教学体系研究[J].科技风,2020(10):39.

[13]　林斯斯.中职物流专业课程思政教学设计及应用研究——以《物流学》为例[J].经济师,2020(03):208-209.

[14]　宁晓利.基于虚拟仿真实验平台的物流专业课程教学模式改革——以《物流学》课程为例[J].物流技术,2020,39(06):157-160.

[15]　李亚杰.应用技术型人才培养模式下高校"物流学"课程改革研究[J].科技创新与生产力,2018(05):116-117,120.

[16]　李祥,刘冀琼.案例教学法在高校《现代物流学》课程中的应用[J].长江丛刊,2018(33):181-182.

[17]　王渊博.任务驱动法在物流学课程中的应用研究[J].时代教育,2016(09):166.

[18]　李振华.转型期下应用型本科院校《现代物流学》课程教学改革探讨——以天水师范学院为例[J].物流科技,2016,39(02):160-161.

房地产线上营销新思路

李公产

摘　要：2020 年初突如其来的居家隔离给多数行业带来了前所未有的挑战，房地产行业也不例外，各家房地产企业纷纷自找出路，充分运用现代信息技术和手段开展线上营销，创新营销理念和模式，通过视频直播、APP、微信小程序、VR 看房等来应对疫情带来的影响。

关键词：线上营销；营销模式

2020 年初许多企业受到疫情的影响，对于严重依赖现金流的房地产企业来说，更是灾难性的打击。在房住不炒总基调下，本来就因政策收紧而陷入困境的房地产企业又将面临新的生存考验。在此双重利空的背景下，线上营销以强势的姿态再次出现在人们的视野，房地产企业将如何巧妙地利用线上营销进行破局是亟待解决的问题。

1　线上营销的背景

2020 年初，非同寻常的疫情使传统线下营销遭遇巨大阻碍，让本应迎来小阳春的房地产行业受到严重冲击。据不完全统计，2020 年初全国 60 余省市下发相关通知，要求暂停开放商品房售楼处。为缓解因售楼处关闭所造成的负面影响，各房地产企业纷纷推出线上营销，以保证项目销售回款、稳固企业现金流，渡过难关。之前一直未真正流行开来的线上营销，成为房地产营销的一种新趋势和新手段。

线上营销终将成为房地产存量时代房地产企业新的破冰渠道。近几年，各房地产开发商因过度依赖渠道商，导致部分城市出现渠道商导客量减少、售楼处基本无客的凄凉场景。线上营销促使房地产企业建立自己的渠道流量平台，由官方平台发布房产相关信息，可保证项目信息的真实可靠，有利于获得客户的信任。这种靠自建平台吸引客流的线上营销模式，有助于缓解地产营销被中介渠道商"绑架"的尴尬境地，降低营销费用。

2　线上营销模式解析

在传统导客方式受挫的大背景下，各房地产企业拥有了线上营销的实战机

作者简介：李公产，1973 年 8 月出生，副教授，主要研究方向为工程管理。

会。当下各房地产企业采取的最普遍线上营销方式是搭建线上营销平台。房地产企业纷纷通过自建线上营销平台（自主开发的APP及微信小程序）、进驻第三方平台（视频直播平台、电商平台、地产咨询平台）的方式，开展线上营销。

2.1 自建线上营销平台

据克尔瑞统计，截至2020年1月1日，已有超过100家房地产企业以集团或区域为单位自建线上营销平台，包含自主开发的APP及微信小程序，其中约有85家房地产企业选择开发微信小程序，搭建线上营销平台。自建线上营销平台不仅可以实现房地产企业线上拓客及全民营销，还可帮助房地产企业实现线上锁客及认筹。2020年初，大多数自建平台均因居家隔离而匆忙上线，仅能实现线上拓客与全民营销的功能，所以平台的功能板块仅包含项目的相关信息（项目位置、楼盘参数、周边配套、交通、VR实景看房等）、线上咨询及致电置业顾问、品牌介绍、房贷计算器、推荐奖佣金等基础功能，并不能实现线上选房、认筹签约等线上销售功能。只有一小部分房地产企业有先天优势，其自主开发的APP及微信小程序已运营多年，线上营销对于这部分房地产企业来说并不是一种创新的手段，其线上平台的功能已在多年的经营积累中趋于成熟化、全面化。这些平台不仅包含线上蓄客、线上预约看房、全民经纪人等基础功能，还涉及多环节的线上销售渠道，如线上选房、认筹签约等。较早布局线上营销平台的这些小部分房地产企业占据了市场的有利地位。

2.2 进驻第三方平台

除上述营销方式之外，部分房地产企业通过与第三方平台合作，搭建线上营销平台，其主要目的在于借助第三方平台的客户资源、推广能力、线上运营经验、全流程闭环式的线上化营销等多重优势，实现房地产企业的线上拓客及线上认筹签约，助力房地产企业的销售业绩。

各大房地产企业进驻的第三方平台主要包括视频直播平台、电商平台及地产咨询平台。

（1）视频直播平台

近几年视频直播的兴起占据了人们的碎片时间，尤其是在居家隔离期间，各类视频直播平台的用户数量及其活跃度成倍增长，甚至转变为全民参与，由此可见其强大的流量。部分房地产企业选择这类平台进行线上营销，但值得注意的是，抖音、快手、火山、西瓜等视频直播平台，其搭建的线上营销平台多以单个项目为主，板块内容较为简单，仅包含项目基本信息的跳转链接及在线直播。这种借助视频直播平台的线上营销方式有利于房地产企业的线上推广宣传，可为房地产企业积累线上意向客户，但无法实现更多的功能。

（2）电商平台及地产咨询平台

在"互联网+"时代下，借助电商平台及地产咨询平台建立线上售楼处是房地产企业的必然选择。早在 2014 年，就有少数房地产企业与电商平台联合，进行"初试水"；2019 年"双 11"期间，线上售楼处又开展得如火如荼。延续至今，这种借助电商平台的线上营销方式依旧受到多数房地产企业的青睐。例如，中国铁建地产集团携手阿里房产，启动线上售楼处，覆盖旗下 35 城的百余项目。

对于地产咨询平台（如房天下、安居客）来说，其存续时间较长，一直致力于为房地产企业及购房客户提供最全面、最及时的房地产资讯和权威的购房指导服务。经过多年的积累，此类平台有一定的线上知名度和话语权，促使大多数房地产企业愿意借助其平台影响力开启自家的线上售楼处。

进驻电商及房地产咨询平台，多以城市内项目组成的品牌馆、旗舰店的形式为主，板块内容更为丰富和全面，包括常规项目介绍、项目全景看房、VR 看房、在线直播、在线蓄客、摇号选房、认筹签约等。这不仅能为项目吸引客户流量，还能让客户体验足不出户的云看房，更有助于房地产企业线上完成销售业绩，其最大优势在于为客户的线上认购签约提供便利。因此，这种线上营销方式对于大多数匆忙自建线上营销平台导致功能不全或不擅长运营线上营销平台的房地产企业而言，是一种最优的选择。

2.3　自建线上营销平台与进驻第三方平台比较分析

有的房地产企业将主要精力放在自建线上营销平台，有的房地产企业则将主要精力投入第三方平台搭建的线上营销渠道，当然也有房地产企业选择兼顾两种线上营销方式。不论是哪种选择，最终目的都是渡过这一地产线下销售困难的特殊时期。通过自主开发的 APP 及微信小程序进行线上营销，除小部分拥有成熟线上销售 APP 及微信小程序的房地产企业外，对于其他大多数房地产企业来说，其最大的优势在于品牌宣传和积累忠诚客户。通过给予购房优惠等形式，将客户吸引至自建的线上营销平台，客户经过一段时间的平台使用，会对品牌更加了解，对品牌内的项目产生信任感，进而完成从"生客"到"熟客"的转换，成为房地产企业的忠诚粉丝。更为重要的是，从长期来看，自建线上营销平台的未来潜力可期。当其功能不断完善、趋于全面化后，配合日常运营所积累的客户流量，将有利于促使自建营销平台成为未来客户的主要销售渠道，一定程度上降低了渠道费用及销售成本。

借助第三方平台搭建线上营销渠道的方式，其最大的优势在于能在短期内达到为房地产企业宣传的目的，引导客户流量，助力房地产企业的线上销售业绩，同时在一定程度上能够节省自建营销平台所需要的技术成本、运营成本等。

3　线上营销的策略解析

在危机刺激下，各房地产企业充分利用线上营销，激发置业者的购买热情。虽然线上营销的策略多种多样，但殊途同归，这些策略可分为线上购房优惠、无理由退房、差额补偿、全民营销四大类。

① 线上购房优惠。客户参与活动的准入门槛为 1000~5000 元，客户用较低的认购定金获取较高的收益率。这种创新的营销新方式将房地产、互联网及金融完美结合起来，在一定程度上能够协助房地产企业较快回笼资金。

② 无理由退房。借鉴电商平台的七天无理由退货，部分房地产企业推出的退房活动截止时间长达 3 个月，部分房地产企业甚至将无理由退房日期延长至交房前。这种策略有利于给予客户心理保障，降低线上购房的忧虑。

③ 差额补偿。这种策略类似于电商平台在"双 11""双 12"促销活动时采取的保价服务。部分房地产企业承诺客户在线上购房所花费的房款在保价期间内一定是最低的，如出现差价则会进行差额补偿。这种策略有利于缓解客户因担心受疫情影响房价会降低的担忧情绪，以此激发客户的购房意愿。

④ 全民营销。这种推荐新客户享受奖励金的方式，既能为客户提供一个赚零花钱的机会，又能促进房地产企业客户裂变，恒大房地产企业在这方面做得比较好，值得借鉴。

在当前形势下，房地产企业要想实现线上营销，至少需具备以下 3 个条件。

① 具备创新意识。创新意识在特殊时期，显得更为重要。客户不能来实地看房怎么办？那就网上卖！客户不能出门，看不到广告怎么办？那就让客户参与进来，让他们变成宣传者。客户线上买房有顾虑怎么办？那就实行无理由退房，让客户购房无忧。

② 品牌声誉足够好，才会有人为活动买单。相比于小开发商，大品牌开发商往往具有良好的品牌效应，也更有打折实力。人们对品牌声誉较好的房地产企业比较认可，所以更多的置业者加入"买房大军"，享受团购价，房地产企业也实现了薄利多销。

③ 楼盘品质足够高。在产品方面，通过打造细节精品来提升产品品质，不断增加产品附加值。产品具有的高品质和高性价比口碑是营销模式变革的坚定保障。

4 房地产企业线下营销，精准施策

虽说线上营销的发展潜力巨大，但实现营销全流程线上化仍具有一定的难度。居家隔离期间，线上营销的主要目的是通过线上推广、拓客和认购，将客户锁定并在后期导流至售楼处，引导房产的成交。除了线上营销外，各房地产企业还需为售楼处的恢复做好充足的线下准备。

① 置业顾问"禁足"期间，做好存量客户的维护。置业顾问应梳理现有的客户资源，通过电话、短信等方式开发意向客户，并维护与老业主的关系，

确保将无法进行线上交易的意向客户转向线下。

② 给予客户关怀是性价比最高的营销方式。居家隔离期间，人们的基本生活需求基本依赖社区物业。广大物业从业者义无反顾，迅速地投入社区疫情防控一线中，他们加强防疫宣传工作，及时向业主普及疫情防控知识，给进入各项目的人员测量体温，严格进行项目管控，以满足业主的基本生活需求，工作繁杂。这些小小的关怀是对业主的"雪中送炭"，也是提升客户满意度的绝佳机会，不仅能给地产品牌带来良好的口碑，也会提升老业主的忠诚度，复购、老带新的概率会大大提升。

5 对未来房地产企业营销的思考

在全新融媒体时代，面对突如其来的危机，许多购房者的购房计划被迫推迟，房地产行业的整体销售业绩下滑，引发了我们对房地产企业未来营销的新思考。

① 搭建且运营好房地产企业自主开发的 APP 或小程序。在特殊时期，线下营销活动受到影响，房地产企业自主研发的 APP 及微信小程序或第三方平台搭建的线上营销渠道逐渐涌现。销售额在前 100 名的多数房地产企业开启了线上营销平台，将线上营销平台打造成性价比最高的蓄客手段；有的房地产企业的线上成交率却不尽如人意。探究线上销售业绩突出的房地产企业，其亮点在于所搭建的线上营销平台是由房地产企业自主开发，已运营多年，日常的客户积累数量庞大，且线上平台板块功能全面。这些优势是其他仓促开发 APP 及微信小程序或进驻第三方平台的房地产企业无法企及的。建议房地产企业今后可自主开发 APP 或微信小程序作为线上营销平台，日常用心维护，沉淀潜在客户，及时完善平台板块功能，促使自建平台成为为房地产企业输送意向客户的主要渠道，减少对中介渠道商的过度依赖。

② 创新意识、忧患意识不可缺，变相思维共渡难关。由危机引发的线上营销潮流仍在持续，最早一批线上卖房的房地产企业，抢占市场，赢得先机，销售业绩表现较为突出。这些企业线上销售成功的因素有很多，但最重要的是自身因素。即使它们已处在地产行业的领先位置，但也时刻保持警惕，在重大机遇出现时，总能快速而准确地抓住机遇。"以快制胜"是一种难能可贵的商业智慧。房地产企业要时刻保持忧患意识，把握市场机会点，以期在特殊时刻来临之际，收获战略红利。

③ 越是特殊时期，越要维护好与业主的关系，打响自己的品牌。危机到来，各行业的工作者被迫在家"禁足"，他们的生理及心理均受到影响。在此特殊情况下，部分房地产企业对社区服务工作常抓不懈，其物业等部门每日为业主推送防疫信息，严格把控小区出入口情况，还为居家隔离的业主提供防疫用具。这类客户关怀虽是微不足道的举手之劳，但却是回报率最高的营销方

式。雪中送炭，方可见人心，做好每件小事才更能走入业主的内心。建议房地产企业做好业主的维护工作，时刻做到以业主为中心，树立房地产企业的品牌形象，促使复购和老带新。

④ 房地产企业线上营销+线下营销，组合出拳。房地产企业利用线上营销的方式积累潜在客户，以认购金锁定新客户、维护老客户。通过线上营销所奠定的客源优势，最终将会导向后期开放的线下售楼处，以便促成各类客户的成交。线上营销逐渐成为地产营销的一种新趋势和新手段。线上营销+线下营销组合销售策略，也让房地产企业意识到新的可行性，这套"组合拳"未来可能会成为房地产存量时代房地产企业的破局之机。

⑤ 现金流为王，加速实现从客户到业绩的转化。作为高负债的行业，现金流对于各房地产企业来说至关重要。房地产企业采取线上营销推广、拓客及认购定金锁客方式，梳理现有老业主关系，争取老带新，其根本目的都是在各项目蓄客期被迫拉长的特殊阶段，先寻找、积累及维护意向客户，实现从客户积累量到销售业绩的转换，进而换取流动资金，支持企业的运转。

面对突如其来的危机，房地产行业不可避免地受到较大影响。在这种特殊形势下，房地产企业应采取多种方式，充分运用现代信息技术和手段，创新营销理念和模式。

参考文献

[1]　陈晓虎 . 新形势下房地产营销策略转型思考[J].中国中小企业,2020(10):201-202.
[2]　朱展,闫波 . 浅谈房地产开发企业的网络营销——以 H 房地产企业为例[J].科技经济导刊,2020,28(23):186-187.
[3]　王春云 . 互联网下我国房地产营销策略分析[J].福建建材,2020(05):111-113.

基于超星泛雅平台的"房地产估价"混合式教学模式研究

魏本忠

摘　要：从"房地产估价"课程教学目标及教学现状入手，分析教学工具对教学诸多环节的积极影响，如减少教师的简单重复性工作、为教师提供学生学习情况数据、丰富教学互动形式、为学生提供优质学习资源、为过程性评价提供依据等。基于超星泛雅平台的"房地产估价"混合式教学模式研究能够解决教学中存在的问题，为高效完成"房地产估价"课程教学目标提供新方案。

关键词：超星泛雅平台；房地产估价；混合式教学模式

随着我国土地使用制度和社会主义市场经济改革的深入，房地产作为企业或组织固定资产的重要组成部分，得到政府相关职能部门和社会各界的高度重视，其价值评估特别重要。为了满足房地产市场主体的需要、培育房地产市场，促进房地产交易公平合理，所以新建了一门应用学科——房地产估价。"房地产估价"课程主要研究房地产估价基础理论、估价人员如何对房地产进行估价等。目前，随着新一代数字通信技术、云存贮、计算管理技术及大数据分析技术的迭代发展，移动互联、万物互联时代到来，传统的教育理念、教学过程、教学模式和教学内容等面临变革和新机遇。针对"房地产估价"课程的性质、内容、特点，本文分析了网络线上课堂与传统面对面课堂的优缺点，研究教学过程改进策略，目的是提高学生的上课兴趣和学习效率，更好地完成"房地产估价"课程的培养目标和任务。

1　"房地产估价"课程的内容及性质特点

"房地产估价"课程是房地产开发与管理、工程管理等专业综合性、实用性很强的专业必修课，全面系统地介绍了房地产估价的基本理论、房地产估价方法与程序、地价评估、房地产估价及实例、数理统计方法在房地产估价中的应用，是学习其他专业课程的重要基础。

"房地产估价"课程教学任务是要求学生理解房地产价格评估的理论基础、房地产价格形成的原因、房地产价格的构成和影响因素，理解和掌握房地

作者简介：魏本忠，副教授，长期从事房地产估价和物业管理教学工作，研究方向为房地产估价、项目评估。

产价格评估的原则和程序，理解和掌握市场比较法、收益法、成本法等房地产评估基本方法，综合运用所学的基本知识和技术对具体的估价对象进行简单的评估工作，并为学习后续课程打下坚实的基础。

房地产估价是指房地产专业估价人员根据估价目的，按照一定程序和遵循估价原则，在掌握估价对象状况、房地产市场状况和影响房地产价格因素的基础上，选择合理估价方法并结合估价人员的经验，对房地产在价值时点的价值做出推测和判断。房地产估价过程既涉及科学理论知识如地租理论、房地产市场理论、购买行为理论、效用价值理论等，又需要估价人员具备估价经验、推理判断能力和一定的操作技巧。在实际教学过程中，教师不仅要重视学生对基础知识的掌握，还要强化学生在不断变化的形势下结合众多房地产价格影响因素灵活运用估价方法的能力，引导学生由理论走向实践，直接满足社会相关单位对房地产估价专业人才的需求。随着现代信息技术的发展，房地产估价行业对专业人才的需求不断变化；随着我国全面建成小康社会及城市化进程加快，房地产估价对社会生产和人民生活产生的影响越来越明显。

2 "房地产估价"课程教学现状分析

"房地产估价"课程教学时数有限，按照《高等学校房地产开发与管理本科指导性专业规范》，本课程教学时数一般为48~60课时，通常采用传统教学模式。传统教学模式中，教师输出知识，学生接收知识，课堂上的主要活动变成了教，而不是学；"房地产估价"的教学内容难以拓展，学生只在课堂进行理论学习，无法将知识彻底展开，房地产估价实际操作技能无从谈起。

2.1 教学模式单一

目前，本课程教学模式以课堂教学为主，很难凸显"房地产估价"课程理论性强、实际应用广泛的特色；教学内容刻板、保守、流程化。在目前的实际课堂教学中，教师多数以房地产估价方面的教材作为课程参考，根据课程教学大纲进行课堂设计，按照传统教学方法从房地产估价的含义、估价的原则和程序、估价方法及估价报告等内容的理论知识讲解入手。无论是采用案例教学法，还是项目教学法，或是其他教学方法，由于受到课时的限制，学生不能熟练掌握实际操作中的各个环节，很难实现本课程教学目标。在课堂教学过程中，教学内容也容易与时代脱轨，为了形成标准化教学，教师通常采用统一的流程授课，没有充分尊重学习对象的个性化需求。

2.2 教学手段落后

传统的"房地产估价"课程教学中，教师一般按照《房地产估价》教材的体系和内容，参考课程大纲要求制作上课使用的演示文稿，并通过多媒体设备演示给学生。此种教学手段只能讲解基础的房地产估价原则和书本中的估价程序等知识层面的理论，不能真正锻炼学生的实际应用能力。

2.3 教学方法不够灵活

随着科学技术的快速发展、信息化社会移动网络的普及，移动终端应用便捷，传统课堂的劣势更加明显。目前，在传统教学方法下，学生处于课堂的被动地位，只能吸收教师传达出的知识，习惯"教师说什么就是什么"，学生受到的启发仅限于教师的给予、同学间的讨论，这种方式使学生失去了自我思考的能力，限制了学生思维能力的发展，无法培育学生的创新能力。

2.4 教学实践环节实施困难

教师以讲解房地产估价理论知识为主，教学方案中虽有实践课时安排，但涉及课时有限，且学生人数多难以安排，目前的估价实践教学流于形式，或者根本就没有实施，以至于学生无法真正熟悉估价理论并将其运用于实际房地产估价的案例。

2.5 教学效果缺乏客观评价

一直以来，对学生"房地产估价"课程的学习成绩进行评价时，主要采取平时成绩和期末成绩各占一定百分比的方式。其中，平时成绩的构成要素主要包括考勤情况、作业完成情况、课堂讨论情况等，期末成绩主要是指考试卷面成绩；综合考评方面，平时成绩占比 30% 或 40%，期末成绩占比 70% 或 60%。在较短的教学课时内，教师集中精力讲课和组织课堂，平时成绩的评定依据主要是学生作业完成情况及正确率，这种评价方式局限于学生对基本知识的掌握，无法体现出学生对知识的实际应用能力。课程期末考试成绩只能由一份试卷评定，学生的整体学业水平无法得到真实体现，教师无法对学生进行客观的、实际的评价。

3 基于超星泛雅平台的"房地产估价"混合式教学优势

3.1 混合式教学的内涵及目标

混合式教学是将网络教学和传统教学的优势结合起来的一种"线上+线下"的教学模式，是在线学习和面对面教学两种模式的整合。

混合式教学的主要特征：外在表现形式为线上和线下两种教学模式；线下教学不是传统课堂教学活动的照搬，而是基于线上学习成果开展的更加深入的教学活动；"线上+线下""混合"是狭义的混合，不涉及教学理论、教学策略、教学方法、教学组织形式等其他内容，因为教学本身具有广义的"混合"特征，从广义的角度理解"混合"没有任何意义。

混合式教学的目标：① 实现"房地产估价"课程以"学生主体，老师主导、支持、指导"为理念进行教学活动，也就是，要充分发挥线上和线下两种教学模式的优势，改善在课堂教学过程中过分使用讲授方式而导致的学生学习主动性不高、参与度不够、不同学生的学习效果差异过大等问题；② 重构传统课堂教学，拓展传统教学的时间和空间，"教"和"学"不一定在同一时间和地点发生，在线教学平台的核心价值就是拓展了教和学的时间和空间。通过两种教学组织形式的有机结合，可以把学习者的学习由浅入深地引向深度学习，达到降低学习成本、提高学习效益的目的。

学习心理学的相关理论已经阐明：学习是有稳定规律和简洁方法的；虽然学科不同、学习内容有差异，但教学是存在规律的，教师必须根据所授课程内容选择合适的教学方法并进行最优化处理，努力依据教学规律提升学生的学习深度。

3.2 超星泛雅平台的特点

目前，各种网络课程平台、学术资源平台等为在线课程的开展提供了极大的方便。超星泛雅平台是由超星公司开发的新一代网络教学平台、具备 PC 端网络教学平台，移动端超星学习通等学习入口，超星泛雅平台集教学活动、学习、资源、管理于一体，是目前高校信息化教学中一个非常重要的学习管理平台，为网络教学提供全方位支持。超星泛雅平台是一种有效的在线教学工具，它改变了教师的教学方式、学生的学习方式及师生间的互动方式。

超星泛雅是一个综合性的网络教学平台，教师可以在平台上建课、建班，录制知识点小视频来给学生进行重点难点分析，利用丰富的网络课程资源，还可以对学生进行远程管理，实现网络教学。超星泛雅还有直播平台，教师可以通过直播更好地与学生进行互动，这也有助于重点知识的阐述。超星泛雅平台还配有手机客户端"学习通"，学生即使没有电脑也可随时参与教师布置的各项活动；教师也可以在手机端查看学生的学习情况，实现随时监督。

3.3 教学模式优势分析

首先，超星泛雅平台的"房地产估价"课程资源库经过教师多年积累、修正与完善，可为学生提供丰富的优质学习资源。教师可将精心制作的"房地产估价"课程的课件、重点知识解析、难点突破视频或筛选过的教学资源上传至该平台资源库，例如可上传与学生专业相关的房地产估价方法改进、影响估价的法律法规知识等，让学生明白"房地产估价"课程对其专业课程学习的影响，提示学生重视"房地产估价"课程的学习，有效地激发学生的学习兴趣。

其次，超星泛雅平台能够有效减少教师的重复性劳动，减少教师的部分劳动量。例如，平台能够自动批阅"房地产估价"课程的客观性作业，并能实时统计学生数据，如学生签到情况、答题情况等，帮助教师及时了解学生的学习动态，为教师进一步的"房地产估价"教学设计、内容安排、教学方法选择等提供大量的数据支撑，有效提高了教学效率。平台在减轻教师教学工作量的同时，科学地引导教学发展，同时为教师提供对学生进行过程性评价的依据，深入掌握每个学生的课程学习时间、学习内容及学习状态。

再次，基于超星泛雅平台的学生参与式教学活动能够有效地调动学生的课堂学习积极性，丰富师生间的互动形式。教师基于平台创建"房地产估价"课程，上课前上传课件及其他教学资源，为学生的课前预习、师生互动提供丰富的教学资源；课中根据教学实际随时发布签到、问卷、测试、讨论、分组活动等，丰富师生互动形式、活跃课堂气氛、调动学生的学习积极性；课后可以发布作业、考试等，帮助教师及时了解学生的知识掌握情况。学生在平台上开展移动学习、碎片化学习，这有利于知识点多、基础理论晦涩难懂课程的学习。教师设置好层级式问题，启发不同水平的学生进行思考，发挥学生的个体优势，实现差异互补，使学生的高级心理活动得到满足与发展，从本质上激发学生的学习动力。

最后，基于超星泛雅平台的过程性评价与各个教学环节一一对应、环环相扣，既使课堂教学形式多样化，又使学生的学业评价方式多元化，既使过程性评价有据可依，又使学生的学业评价更加全面合理，是督促学生注重平时学习的有效教学策略。

4   基于超星泛雅平台的"房地产估价"混合式教学模式构建的思考

"房地产估价"课程开展混合式教学，首先要确定课程混合式教学构建的原则，并对课程教学方案进行系统策划；其次，创新"房地产估价"课程教学模式与教学方法；最后，建立课程可评价路径。

4.1   构建原则与教学方案策划

"房地产估价"混合式教学模式构建所遵循的原则如下。在教学理念上，遵循"以学生为主体，以教师为主导"的教学观；在教学内容上，注重房地产估价理论知识与专业实践的结合，提升学生的专业操作能力；在教学方法上，注重教学资源的开发与利用，教师挑选与本课程教学内容相关度高、难度适宜、容量适中的优质教学资源，有针对性地指导学生充分利用课前与课后时间，培养学生的自学能力，缓解学时不足的压力；在教学策略上，鼓励学生积极主动参与各教学环节，同时将学生活动与课程考核紧密联系；在教学手段上，注重超星泛雅在线教育平台的使用，构建智慧教育课堂，减少教师的重复性劳动，丰富教学过程中的师生互动形式，调动教师教学和学生学习的热情；在考核方式上，注重过程性评价，使学生的课程评价方式多元化，有效提高学生的学习主动性和积极性。

对"房地产估价"课程采取混合式教学模式时，要认真研究课程教学大纲和教学内容，厘清课程重点和难点；结合学生特点，策划课程教学方案，找准课程在专业培养方案中的基本定位与特色，设定课程总目标与分层目标。研究课程内容体系与大纲，找出课程知识点并分级筛选，合理布局实施策略，进行分层教学设计，积极进行教学准备。"房地产估价"课程在线课堂建设分为3个层次，首先是基于课程的总体教学设计，其次是基于章（模块）的教学设计，最后是基于学习知识点（节）的教学设计。对于容易理解的知识点如房地产估价含义、步骤等进行线上教学，学生可以按照任务点要求，逐步完成知识点学习；线下课堂讲授难理解的内容，针对实践性和专业拔高性内容，如房地产估价方法中比较法的可比案例选取、市场因素的修正系数求取等，教师可引导学生做综合性房地产估价项目。

4.2 教学模式与教学方法创新

创新"房地产估价"课程教学模式，教师应改变以往课程中呆板、程序化的教学模式，将丰富的"房地产估价"视频资料、易理解的理论知识上传至平台；将前沿的估价知识融入教学，让学生通过网络平台学习基础理论知识。教师应将线下课堂真正变成提升学生专业能力的空间和答疑解惑、指导实践、难点解决的场所。运用翻转课堂教学模式，让学生成为课堂的主体。

基于超星泛雅平台，教师可灵活采用教学方法，"房地产估价"课程线上教学可采用授导型教学法和目标导向法。采用授导型教学法时，教师在讲授的过程中可以采用问题递进式教学，将"房地产估价"课程分为若干个部分，按照房地产估价程序层层递进，将内在逻辑估价知识传递给学生，引导学生快速理解，提高思维能力；采用目标导向法，每个章节都应设置明确的学习目标，布置相应的学习任务，让学生清晰地了解重点、难点。"房地产估价"课程线下教学可采取案例教学法、项目式教学法、任务驱动式教学法等。利用案例教学法，通过分析实际估价案例，调动学生的学习主动性和积极性，让学生通过模仿估价案例中的估价方法，有效地掌握估价方法。项目式教学法是"房地产估价"课程常用的教学方法，教师可以为学生提供项目，学生也可以自己寻找项目，只要与课程相关，都可以在课程学习过程中进行实践。任务驱动式教学法是指在每个课时为学生设置明确的目标任务，逐步提升学生的房地产估价知识及能力，每个任务都包含该课程的重点和难点知识，学生通过线上或线下学习灵活掌握这些知识。

4.3 建立课程可评价路径

在混合式教学模式下，通过超星泛雅平台，教师将估价理论知识制作成PPT、小视频等提供给学生在线学习，并通过布置作业、分析参考资料帮助学生巩固学习效果；在线下教学环节，通过案例教学、项目任务驱动教学，围绕房地产估价实际，提升学生的实际房地产估价能力。学生的学习行为数据繁杂，数据种类多，既有线上的，也有线下的，基于线上或线下挖掘的各类学习数据对学生的学习行为、学习成绩进行评价，构建"房地产估价"课程学习效果评价路径。线上学习主要包括教学视频和资料的学习，并参与线上讨论和单元测验等，因此，线上学习行为的评价依据主要包括学生学习视频和资料的完成度、讨论活动的参与度和测验的成绩等；线下学习主要是指学生参与课堂学习与活动的情况，具体考评指标包括考勤和课堂活动参与度。利用超星泛雅教学平台和信息化技术，能够较好地收集相关数据对学生学习情况进行综合考评。

5 结　语

超星泛雅平台集教学活动、学习、资源、管理于一体，可为教师开展线上教学提供有力支持。在"房地产估价"课程中，基于超星泛雅平台，结合网络教学和传统教学的优势，采用"线上+线下"的混合式教学模式。这种教学模式可以调动学生的积极性，为学生提供丰富的优质学习资源，减少教师的重复性劳动，还可为学生的过程性评价提供依据。在开展混合式教学时，应遵循一定的原则，创新课程教学方法。混合式教学使课程知识更加丰富，难度相应提升，对教师与学生来说既是挑战，又是机遇。

参考文献

［1］ 周利容．基于蓝墨云班课的混合学习模式在高职护理实训教学中的应用初探［J］.卫生职业教育,2019,37(7):80-91.

［2］ 张细程．基于网络教学平台的混合学习模式研究［D］.宁波:宁波大学,2017.

［3］ 黄荣怀,马丁,郑兰琴,等．基于混合式学习的课程设计理论［J］.电化教育研究,2009(1):9-14.

"统计学"课程在线教学实践中存在的问题与对策

宋效红

摘　要：本文详细介绍了"统计学"课程全面在线教学的实践状况，包括在线教学平台的使用情况、在线教学环节的构成情况，以及在线教学实践数据的表现情况；分析了"统计学"全面在线教学期间来自于教学平台、学生、教师以及学校教务管理部门的问题；提出了教务管理政策变革、师生角色转换以及在线教学管理功能创新等对策。期望本文的研究对于提升"统计学"及其他课程的在线教学组织管理水平具有借鉴意义。

关键词：在线教学；反思；变革

1　引　言

2020 年春季，教育部要求"停课不停学"，并提出利用网络教育平台开展在线教学。而在此之前，虽然我院"统计学"课程线上线下混合式教学模式改革已处于逐步推进阶段，但总体上仍以线下教育为主、线上教育为辅。此次全面在线教学使线上教学快速发展，开展线上教学实际上是对教育手段的根本性变革。回顾疫情期间"统计学"课程线上教学实践，对于加快统计学课程信息化教育教学改革，完善在线教学管理，培养教师把控在线教学的能力，提升教学效果和在线教学竞争力都具有重要的意义。

2　"统计学"课程在线教学实践概况

2.1　在线教学平台的使用情况

2020 年春季，为了响应国家"停课不停学"的号召，"统计学"课程教学在原有的混合式教学模式基础上转换为全面在线教学。在此之前，统计学采用线上线下混合式教学模式，主要使用超星教学平台进行线上签到和作业发布，较少使用平台的其他功能。2020 年春季的全面在线教学期间，准备全面使用超星直播系统支撑在线教学，但由于全校实行全面在线教学，超星教学平台的直播系统崩溃，卡顿现象严重，所以另选了其他平台进行直播教学。

作者简介：宋效红，女，副教授，硕士，研究方向为物流与供应链管理。

2.2 "统计学"课程在线教学模块的构成

"统计学"课程在线教学模块主要由慕课、教学团队自录教学视频、直播、超星平台四个部分构成。慕课是从爱课程平台中筛选出来的，根据教学大纲、教学内容、教学进度、教学参考教材等，向学生推荐了两个学校的统计学慕课，供学生预习、复习和观摩。教学短视频是由学院"统计学"课程组教师针对线下教学过程中的重点、难点内容以及习题讲解录制的，视频时间较短，一个视频主要讲解一个问题或者一个知识点，帮助学生理解、掌握课堂教学内容。课堂教学主要采用直播教学，由于学生在上课前已经进行了大量的线上预习和知识点线上讨论，所以课堂直播教学时间并不是规定的线下教学时间，而是根据学生课前预习情况、慕课和视频观看进度灵活调整，有时课堂直播教学仅为30分钟，甚至20分钟。超星平台主要用来线上课程签到、线上发布讨论问题、线上发布课程任务点（包括视频、课件等）、线上发布作业等。

2.3 "统计学"课程在线教学实践数据描述

在线教学数据的收集与积累主要依赖于教学平台的功能。由于在线教学使用的直播平台数据与超星平台数据不能整合到一起，所以对在线教学实践数据的分析，主要侧重于超星平台沉淀的教学数据，这些数据在一定程度上也反映了在线教学的基本状况。

（1）课程短视频观看情况

全面在线教学期间，"统计学"课程选修人数为101人，课程短视频观看得分的最大值为100分，最小值为54.2分，均值为92.91分，离散系数为0.115，离散程度较小；课程短视频观看得分呈左偏尖峰分布，偏度系数为-1.413，峰度系数为1.680，如图1所示。

（2）课程讨论情况

全面在线教学期间，"统计学"课程在线讨论得分的最大值为100分，最小值为0分，均值为55.49分，极差为100分，离散系数为0.500，离散程度较大；在线讨论得分呈左偏扁平分布，偏度系数为-0.324，峰度系数为-0.978，如图2所示。

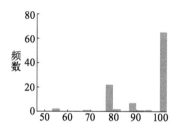

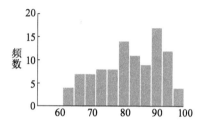

图1 课程短视频观看得分的频数分布　　图2 课程讨论得分的频数分布

（3）线上作业情况

全面在线教学期间，"统计学"课程线上发布作业19次，学生总提交次数为1900次。"统计学"课程在线作业得分的最大值为98.2分，最小值为58.8分，均值为91.68分，极差为39.4分，离散系数为0.065，离散程度较小；线上作业得分呈左偏尖峰分布，偏度系数为-2.382，峰度系数为8.876，如图3所示。

（4）课程章节学习次数情况

全面在线教学期间，"统计学"课程章节学习次数得分的最大值为100分，最小值为27.3分，均值为97.16分，极差为72.7分，离散系数为0.115，离散程度相对较小；课程章节学习次数得分呈左偏尖峰分布，偏度系数较小，为-4.639，偏斜程度较大，为高度偏态分布；峰度系数为22.878，峰度值较大，基本上为孤峰分布，如图4所示。

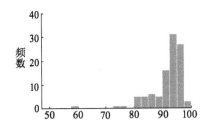

图3　课程线上作业得分的频数分布　　图4　课程章节学习次数得分的频数分布

（5）线上签到情况

全面在线教学期间，"统计学"课程线上签到得分的最大值为100分，最小值为66.6分，均值为98.31分，极差为33.4分，离散系数为0.048，离散程度小；线上签到得分呈左偏尖峰分布，偏度系数较小，为-4.304，属于高度左偏态；峰度系数为22.366，峰度值较大，基本上为孤峰分布，如图5所示。

（6）线上任务点完成情况

全面在线教学期间，"统计学"课程线上任务点完成情况得分的最大值为100分，最小值为64.86分，均值为88.89分，极差为35.1分，离散系数为0.098，离散程度小；线上任务点完成情况得分呈高度左偏分布，偏度系数为-1.221；峰度系数为0.437，峰度值适中，如图6所示。

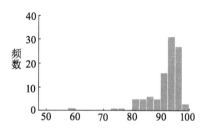

图5　线上签到得分的频数分布

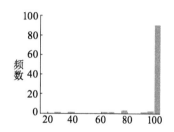

图6　线上任务点完成情况得分的频数分布

3　"统计学"课程在线教学问题与反思

当前全面在线教学已经结束，但在线教学中存在的问题需要反思，以有助于线上教学的改进与完善。

3.1　学生在线学习状态两极分化问题

由上述在线教学实践数据可知，一是数据的集中度比较高。除了课程讨论情况的均值得分较低外，其他5个方面的均值得分都较高，说明学生的整体学习状况较好，但数据分布均为左偏且分布偏斜程度较大；另外，每项得分的极差较大，均在30分以上，特别是线上章节学习次数得分极差高达72.7分，说明在线教学实践数据差异比较大，在以上6个在线教学评价项目上均有表现特别差的学生。二是课程讨论的表现问题比较突出，其极差为100分，说明有些学生在整个在线学习期间参与讨论的次数为0。由此可见，在整体均值比较高的情况下，极差与数据偏态系数均较大，说明学生在线学习状态两极分化现象比较严重。

3.2　课程讨论实践数据的差异，折射出在线教与学的问题

通过在线教学实践数据可看出，统计学在线教学过程中课程视频观看、作业情况、章节学习次数、签到的平均分均在90分以上，平均分高，且离散程度小；但课堂讨论的平均得分仅为55.49分，且离散程度较大，这说明学生参与课堂讨论的热情低，甚至不愿意参加讨论。造成这种现象的主要原因之一为学生的学习模式问题，长期的应试教育使学生形成了"只听不说"的学习模式，从小学到高中，课堂教学模式均是以教师讲解、学生听课为主，教师训诫学生最常用的语言之一为"不要讲话，好好听课"。同时，高等教育模式也长期以线下教学为主，大学生课堂自由讨论的空间并没有得到释放，学生的传统学习模式没有产生根本改变。

在网络环境中，教师需要学生更多的互动。学生的发言与讨论，是在线课堂持续进行的推进器，学生的沉默会使网络另一端的教师产生怀疑，比如学生是否在线？教师抛出的讨论话题无人应答，这样的在线教学如何进行？因此，在线教学更重要的是学生积极参与甚至是学生主导课堂，弱化教师的"讲"，

只有把课堂还给学生，在线课堂才能成为真正的课堂。转变教与学的模式，是在线教学成功的关键。

3.3 在线学习数据虚假问题

在线教学过程中，如何对学生在线学习的实际情况进行管控，识别虚假在线学习数据，是一个值得思考的问题。一般在直播教学过程中要求学生关闭摄像头、关闭麦克风，有的学生显示在线，而实际上有可能不在线；任务点显示完成情况优，但有的实际上是"刷课"；作业完成情况优，但有的实际上为抄袭。针对这些潜在问题的识别与管控，需要任课教师付出大量的时间，如何规避和解决这些问题，还需要任课教师进行深入研究。

3.4 在线教学环节构成问题

2020年春季开学前，学校经历了一番紧张局面，紧张的主要原因是全面在线教学首次实施，教务管理部门和教师对在线教学不太熟悉。其次，培训较多，但是没有一个培训能全面解决在线教学中的所有问题；推荐的教学平台很多，但是没有一个教学平台能满足教学过程中所有环节的要求；支撑在线教学的硬件、软件、教学资源很多，但都是分散的，需要教师根据自己的需要拼接成一个整体，形成一个能涵盖所有教学环节的完整教学过程。在这种情况下，打造一个完整的在线教学过程，是每一个教师必须面对的问题。在线教学环节中，哪些环节是影响教学效果的关键环节，如何有效整合在线教学环节，是一个值得反思的问题。

3.5 在线教学管理无序问题

相较于线下教学，无论是教务部门对教师在线教学的管理，还是教师对学生的在线学习管理，管理难度都较大。因为学校是首次开展全面在线教学，对于在线教学的计划、组织、协调和监督，教务部门并没有经验，管理模式基本延续了线下教学管理的模式，针对在线教学新特征的管理措施较少。在这种情况下，难免会产生甚至汇聚很多问题，如网络中在线学生的状况不清楚、在线课堂组织缺乏管理经验、教学过程构建方式不明，以及繁多无序的学生管理问题等。整个在线教学过程基本上是"教师摸着石头过河"的探索过程。因此，梳理疫情期间在线教学管理问题，对于教务管理部门和教师有效改善在线教学管理至关重要。

3.6 教务部门对在线教学时间的处理与界定问题

如何界定在线直播教学的时间，一直是困扰很多教师的问题。"统计学"课程全面在线教学过程中，直播时间有长有短，并没有遵循学校规定的45分钟。每次上课前学生已经在线完成了大量的学习任务，直播课堂中没有必要再重复这些学习，否则会浪费学生的时间，打击学生在线学习的积极性。根据教学计划，在该次课的教学内容已经完成的情况下，如何处理多出的时间？学生课前的短视频观看、慕课观看及问题讨论等任务点的完成，能否纳入任课教师的课时？教务管理部门应对这些问题进行梳理，分割清楚线上与线下的时间占比关系，教师授课与学生在线学习的时间占比关系，并制定相应的细则。只有这样，才能更好地推进在线教学的开展。

4 "统计学"课程在线教学的对策

4.1 教务管理政策的变革

全面在线教学实际上是原有教学模式的彻底变革，这种变革在某些方面具有颠覆性，如果没有相应的教学政策支撑，教师势必缩手缩脚，难以放手去做。因此，学校教务管理部门应厘清在线教学与线下教学的区别，明确在线教学的新特征，总结在线教学管理的经验和不足，对于涉及在线教学的关键性问题做出变革。特别是在线教学课时的界定、考核指标、考核方式、激励措施，以及教务管理部门在线教学服务等方面的变革，属于当务之急。

4.2 学生与教师角色的适度转换

在线教学实际上是通过虚拟的网络使教师与学生进行知识层面的深入沟通。没有了线下教学中的面对面交流，在线沟通更需要学生的主动参与。因此，在线教学过程中需要学生承担更多的主动学习职责，比如慕课学习、短视频学习、任务点的完成、在线答疑等；教师应成为学生学习的引导者，而不是"满堂灌"的知识传输者。在线教学过程中，需要教师和学生逐步进行适度的角色转换，教师主讲重点和难点，教师发起讨论，学生线下学习，线上答疑，并参与讨论互动，甚至翻转课堂。在教学过程中找到一个适当点，使教师与学生均能发生转变，这种转变可以首先从课堂讨论开始，营造一个良好的讨论空间和讨论氛围，增强学生的讨论欲望，这应成为"统计学"课程在线教学设计的重点；其次，加强对讨论的考核，利用考核规则，规定课程学习过程中的最低讨论次数，鼓励学生参与讨论，以形成课堂讨论的习惯，逐步改变教和学的模式。

4.3 强化教师在线教学的管理与研究

针对在线教学管理，教师首先应规避因识别复杂的学生虚假数据而付出高昂的时间成本。根据"统计学"课程特点创新在线教学管理的 KPI 指标，"抓重点放小节"，以转变教师与学生的课堂角色和提升教学效果为出发点，比如KPI 指标可设置为学习小组参与翻转课堂的次数、单个学生讨论次数、学生参与在线教学内容的拓展与维护等，以避免出现虚假数据。同时，教师应主动树立在线教学课堂管理目标，加强对在线教学的研究与创新，提升自身在线教学能力，以适应未来在线教学的常态化。

4.4 创新在线教学管理模块的功能

当前在线教学数据割裂的现象，短期内无法彻底改变。因此，应加强"统计学"课程的在线教学模块化管理，将现有的在线教学过程分为直播教学模块与教学管理模块两部分，除直播教学模块以外，其他教学环节均纳入教学管理模块中。直播教学模块建议使用具有回放功能的直播平台，供学生回放复习；根据"统计学"课程特点，教学管理模块应着重打造学生可对自身在线学习进行统计的分析模块，学生利用统计理论与方法分析在线学习数据，对个人的在线学习状况进行评价，有利于提升学生在线学习的积极性。因此，"统计学"课程的在线教学管理模块创新应从课程特点出发，以自身数据为实例，既有利于实证统计理论，又有利于在线课程管理。

参考文献

[1] 魏顺平.在线教育管理者视角下的学习分析——在线教学绩效评估模式构建与应用[J].现代教育技术,2014,24(09):79-85,93.

[2] 谢幼如,邱艺,黄瑜玲,等.疫情防控期间"停课不停学"在线教学方式的特征、问题与创新[J].电化教育研究,2020,41(03):20-28.

[3] 王冬冬,王怀波,张伟,等."停课不停学"时期的在线教学研究——基于全国范围内的33240份网络问卷调研[J].现代教育技术,2020,30(03):12-18.

[4] 邬大光,沈忠华.我国高校开展在线教学的理性思考——基于6所本科高校的实证调查[J].教育科学,2020,36(02):1-8.

[5] 郑勤华,秦婷,沈强,等.疫情期间在线教学实施现状、问题与对策建议[J].中国电化教育,2020(05):34-43.

[6] 刘振天,刘强.在线教学如何助力高校课堂革命?——疫情之下大规模在线教学行动的理性认知[J].华东师范大学学报(教育科学版),2020,38(07):31-41.

[7] 毛军权.在线教学的未来发展:动向、反思与行动[J].中国电化教育,2020(08):27-32.

混合式教学在房地产开发与管理专业的应用研究

耿　波

摘　要：随着互联网技术的发展与中国大学 MOOC 热潮的兴起，以线上教学和线下教学相结合的混合式教学模式得到了快速发展。本文在比较混合式教学和传统教学模式的基础上，分析了混合式教学在房地产开发与管理专业的应用背景，并总结了混合式教学在该专业"商务沟通"课程中的具体应用，最后指出在房地产开发与管理专业课程教学过程中，应用混合式教学应着重注意的几个方面。

关键词：混合式教学；高等教育；教学模式

1　引　言

随着互联网的普及，网络化学习的兴起对高等教育教学产生了较大的冲击，混合式教学便是在此浪潮中产生的一种新的教学模式。它是信息化与教育资源深度融合的载体，是在"互联网+"背景下对传统教学模式的继承和发展。在"互联网+"背景下，传统的较为单一的教育模式已经显现出它的局限性。不管是"互联网+教育"还是"教育+互联网"，混合式教学模式的实施是高等教育改革的趋势，以中国大学 MOOC 为代表的混合式教学模式不仅能够实现优质课程资源的共享，还能很好地推进高等教育教学的改革。

2　混合式教学与传统教学模式的区别

混合式教学是指包含线下教学与线上教学两种教学方式的教学模式。"线上教学"和"线下教学"即是我们常说的在线教学和传统教学。混合式教学模式取长补短，充分地融合了线上与线下的教学优势。总体来看，混合式教学与传统教学的主要区别表现在教学主体、课堂教学、课程考核等方面。

2.1　教学主体的区别

在传统教学过程中，学生在教学关系中处于被动地位，教师讲授占绝大多数时间，讨论与实践只是课堂教学内容的补充。这种传统的被动学习模式，不仅不利于突出学生在教学中的主体地位，也降低了学生自主学习的积极性。这在一定程度上忽视了学生的差异性和个性化需求，这种忽视必然会影响学生学

作者简介：耿波，男，江苏徐州人，硕士，副教授，长期从事市场营销与物业管理的教学与研究。

习的质量，不利于学生自主学习能力和创新能力的培养。在混合式教学模式下，从以教师为主体变为以学生为主体，学生在线自学与课堂学习相结合。混合式教学模式下，课程教学内容基本与传统教学内容相统一，在该教学模式下，根据学生在线自学效果的反馈来安排教学进程，所以授课内容设计的灵活性、针对性更强，更能体现学生的主体地位。

2.2 课堂教学的区别

传统教学课堂受制于时间、空间与地点，在学习人数较多、课时有限的情况下，难以满足学生的差异性和个性化需求，大多采用"满堂灌""填鸭式"教学。混合式教学课堂完全不受时间与空间的限制，可以给学生提供更多个性化的选择，激发其自主学习动力。"课堂"不再是一个固定的空间，而是分散在大小不同的现代化电子设备中。混合式教学的时间也更加灵活，学生不仅可以在教室里接受面对面的知识传授，在课下时间，学生可以利用智能手机、平板电脑、计算机等互联网终端设备学习相关视频。学生的碎片化时间得到了利用，大大拓展了学习时长。教师可以根据学生的学习能力差异，制作不同层次的教学视频，设置难易程度不同的课堂作业，确保教学内容能被不同学习层次的学生消化吸收。与传统教学中的统一授课相比，这种教学方式更多地考虑了每位学生的差异性。

2.3 课程考核的区别

传统教学考核评价难以进行全面的过程性考核，一般只能简单地依靠结果性考核。混合式教学使得过程性考核更易于实现。不同于以往的考核方式，在混合式教学模式下，结合互联网教学平台，教学过程的各个环节都便于考核，这种有机结合可以将学生的日常学习情况全部纳入考核，全面考核学生的学习过程及最终学习效果。教师与学生都可以及时地通过信息平台获取学习进度与学习成绩，使得评价体系更加精细化、客观化、实时化和透明化。由于混合式教学更加注重过程性考核，而非"唯结果论"，更能调动学生学习的积极性。

3 混合式教学应用于房地产开发与管理专业的必要性

3.1 房地产行业职业发展的需要

目前，房地产经营已进入社会化、规模化、集团化和网络化阶段，在此背景下，房地产产业内跨界联合的趋势日臻明显，房地产企业与互联网企业的强强联合，是未来房地产行业发展的趋势。依托线上渠道优势，房地产企业便于更加有效地打通从看房、选房到购房的线上、线下环节，实现更加精准有效的营销策略。为此，用人单位不仅需要员工能熟练地与客户面对面交流，更需要员工有服务意识，能协同同事主动进行网络销售，运用碎片化时间，利用微博、微信等常用社交软件等与客户进行双向沟通并提供服务。

3.2 全面提升课程教学质量的需要

传统教学以知识传递为主，以教材为中心，教师主导课程，重规范、轻创新，信息容量小，教师对学生的学习态度和学习习惯不够关注，不利于培养学生的自主学习能力，不易于发现学生特点和开阔学生的视野。混合式教学将在线教学和传统教学的优势有机结合。教师在每节课前都根据学习目标和学习内容设置任务，学生需要提前在线阅读教师准备好的课程资源（录制的课程音频、视频及其他文字材料），通过学生任务的完成情况，教师可了解学生对课程资源的理解程度。课堂中，教师组织学生对一些议题进行辩论，通过辩论，教师可以了解学生的观点，发现学生存在的知识理解问题，引导学生运用理论知识解决实际问题。同时，在讨论和争辩过程中，可以激发学生思考问题，学生不再是单向地接受知识和死记知识，而成了课堂的主导者。通过两种教学组织形式的有机结合，按照学生的学习规律，把学生引向深度学习。

4 混合式教学在房地产开发与管理专业课程教学中的具体应用

房地产开发与管理专业的课程较多，大多数课程侧重于经营管理知识的学习，这里以"商务沟通"课程为例。"商务沟通"课程是房地产开发与管理专业的必修课程，本人在教学的过程中发现课程教材设计的内容实用性不强，理论教学与实践应用存在脱节现象，师生互动性差，教学内容也无法活学活用。在"商务沟通"课程教学中尝试运用混合式教学，主要教学过程如下。

4.1 课前通过线上教学引导学生预习思考，做好学习准备

教师根据学校的具体条件选择适当的线上平台，发布课程中的知识点、学习导图、学习要点和学习任务等资源。学生根据教师布置的课前任务进行自主学习，当遇到困惑时，通过平台的笔记和在线交流功能，进行记录或者在线提问，教师根据学生的学习情况有针对性地准备教学设计，为课中的体验式教学做好准备。根据房地产开发与管理专业的人才培养目标，通过分析"商务沟通"课程的特点对课中的知识点与任务进行设置。"商务沟通"是一门提高学生主动力、执行力、团队协作力、沟通力和人际关系处理技能的核心基础课，实践性很强，要求学生不仅要掌握知识点，而且能用这些知识点解决实际问题。在选取课程内容时，既要充分考虑学生对该门课程理论知识学习的需要，同时又要根据房地产开发与管理专业的岗位需求，结合学生的现状和特点设置实践活动，突出对学生职业能力的训练。

通过课前的线上学习，不仅提升了学生的自主学习能力，也提高了教师对学情的了解程度。课前的线上学习可有效增强学生的自我认知、自我管理、自我规划等能力，改善学习策略和学习方法等。

4.2 课中通过线上线下结合，丰富课堂教学形式，提高学习参与度

"商务沟通"课程的目标是使学生掌握各种沟通理论和沟通实务中的沟通

技巧，使学生能够在经营活动中有效沟通，提高工作效率。课程内容以信息传播学为主线，以前沿管理理论和管理实践，尤其以前瞻营销理论为依据，研究商务活动中信息沟通的理论与实务，具体包括商务沟通中的自我沟通、人际沟通、组织内外沟通、大众沟通和跨文化沟通的目标、过程、形式和沟通技巧。课堂教学中，结合各种新型的信息化教学手段，让每一个学生都真正参与课堂的互动环节。在课堂中使用案例分析法、视频教学法、情景模拟法、辩论赛等方式活跃课堂的教学气氛，让学生在课堂中充分发挥主观能动性和团队合作精神。例如，根据课程章节内容的学习需要和学生的课前学习情况进行课堂分组，设置课堂任务，由教师引导学生分组讨论；教师对小组成员进行分工，每小组包括组长、记录员、发言人、决策人和主持人等。教师抽取一组学生进行观点陈述，结束后由教师进行小结，让学生知其然也知其所以然。

通过丰富的课堂教学形式，可以提升学生的团队协作能力，提高教师的课堂组织能力。混合式教学的课堂是以学生为中心，课堂中学生的行为活动相对较多，教师控制整个教学过程，引导学生思维，维护课堂的教学秩序。

4.3 课后通过线上平台督促学生完成作业，进一步拓展学生视野

课后，学生在学习通平台上根据自己的情况选择不同难度的任务进行知识运用，任务难度不同，收获的评分也不同；学生也可以利用平台继续与小组成员互动探讨，以巩固所学知识或拓展知识。可以在平台建立一个"商务沟通"特有的学生作业线上互评系统，让人人都成为"打分者"；尽量让每一次作业的评分更加公平公正，激励学生积极完成团队作业，参与"做、练、评、想、议"五位一体的学生互动学习平台；学生若在探讨过程中产生了新疑问，仍然可以通过平台与教师交流，及时更新知识、弥补不足，提升对知识的运用能力。

通过课后促学、拓学，可以提升学生的学习主动性，提高教师的研究能力。同时，可以帮助学生养成良好的学习习惯，提高学生的写作水平和解决实际问题的能力；性格内向的小组成员在组长和其他成员的帮助下，能够较为自信地表达自己的观点，增强集体凝聚力。

5 房地产开发与管理专业课程运用混合式教学应注意的问题

5.1 确保学生的主体地位

在教学中确保学生的主体地位，体现了培养学生核心素养的要求，能够有效引导学生自主学习，激发学生的学习兴趣，提升课堂参与度，达到提高教学效率、增强教学效果的目的。

5.2 充分发挥教师的引导、启发和监督作用

信息化平台打破了传统教学中时间、空间的限制。利用课程平台，教师可以随时随地发布课前预习内容，并且可实时与学生进行交流。针对课前预习内

容，教师还可以布置相应的线上测试，使学生对自己的课前学习效果有一定的了解，同时，教师可根据每个学生的预习情况进行针对性的课堂教学。课后，教师可根据学生的课后练习实时掌握教学效果，及时对下一步的教学计划做出调整。通过课程平台，教师还可以远程指导学生，为不同学习层次的学生答疑解惑；针对学有余力的学生，老师还可以提供拓展性材料，以达到因材施教的目的。

5.3 课堂教学中所选取的案例应真实且贴近当前的行业

在很多课程教学中，教师所选取的课程案例过于陈旧，与现实有一定的脱节，学生不感兴趣。因此，教师应该注重校企合作案例的开发，将合作过的优秀企业案例引入平台，供学生学习。

5.4 利用线上平台提升组间互评的个人参与度和组内互评的真实性

如果组间互评以纸质方式进行，会造成较大的纸张浪费，而采用线上平台的组间互评制度，可以达到快捷、方便的互评效果，同时利用学生对投票热情的心理，提升互评的个人参与度。组内互评的真实性相对较难改善，因为学生在团队中总会担忧自己的处境，顾及他人"面子"，不太愿意当面作出真实评价。有部分学生在访谈中表示，应实施匿名或采取教师监督的方式进行组内互评，这样做出的评价真实性更高。利用线上平台，可以设置相应限制，学生不能看到组内他人给自己的评分，只能看到综合得分，这样可以减少学生顾虑，使评分更为真实。

5.5 加强过程性考核指标的体系建立，及时向学生反馈

过程性评价指标包括学生考勤情况、平时作业情况、个人或小组的学习质量、参与交流讨论的活跃度等。在过程性考核过程中加入学生互评、组内互评与组间互评等方式，使学生在课堂上变换角色，在互相评价的考核机制中加深对课程内容的思考，取长补短。通过线上平台，学生可以随时了解自己的各项得分情况。

6 结 语

混合式教学模式与传统教学模式相比具备诸多优点，它结合了传统线下教学和新兴线上教学的优势，既能发挥教师在教学过程中的主导作用，又能使学生在整个学习过程中充分发挥主体性与积极性；并采用学生互评、组内互评与组间互评等方式，使学生在课堂上拥有更多的主导权，提高学习参与度。由此可见，推进混合式教学模式应用于房地产开发与管理专业的课程教学，有利于培养房地产应用型人才，提升课堂教学质量。

参考文献

[1] 陈朝晖,王达诠,陈名弟,等.基于知识建构与交互学习的混合式教学模式研究与实践[J].中国大学教学,2018(8):33-37.

[2] 沈滔.基于混合式教学法的翻转课堂教学模式探讨——以推销学 SPIN 销售法为例[J].佳木斯职业学院学报,2017(9):37-38.

[3] 惠晶晶.混合式教学模式在高等教学改革中的应用[J].中国多媒体与网络教学学报,2020(02):150-152.

[4] 季杰.混合式教学在汽车营销与服务专业的应用[J].中国职业技术教育,2018(23):67-70.

[5] 杨璇.《管理沟通》混合式教学模式运行效果与提升对策[J].公关世界,2020(18):168-169.

[6] 甘容辉.高校混合式教学法的问题与对策探讨[J].湖南城市学院学报(自然科学版),2016,25(4):257-258.

全面网络教学背景下对线上线下混合式教学的思考

孙宇博，梁子婧，卢松泉

摘　要：结合某高校对疫情期间全面网络教学的调查情况，梳理分析网络教学开展过程中存在的问题，并探讨疫情期间的全面网络教学对线上线下混合式教学开展的影响，利用全面网络教学的调查分析结果为线上线下混合式教学有序有效开展提供一些启示性的建议，促进高校教育教学变革，提高教学质量。

关键词：网络教学；线上线下混合式教学；教学变革

2020 年上半年，全国各校纷纷响应"停课不停学"的号召，各高校和教师积极快速反应，调整授课方式，打破传统课堂的时空界限，由线下课堂教学转向线上网络教学。此项特殊要求促使全体高校师生对网络教学的认识有了很大的提高。同时，这些举措也为高校加强一流课程信息化和现代化建设、促进线上线下混合式教学模式的开展打下了良好的基础。随着学生返校，利用疫情期间网络教学的经验，推进线上线下混合式教学更好地开展，对推进高校教育教学变革、开展一流本科课程建设、树立课程建设新理念，并形成多类型、多样化的教学内容与课程体系，提高教师教学能力，完善以质量为导向的课程建设有着重大的现实意义。

1　线上线下混合式教学

1.1　线上线下混合式教学模式

较早提出混合式教学的是北京师范大学的何克抗教授，混合式教学将课堂教学和网络教学结合起来，既发挥教师引导、启发、监控教学过程的主导作用，又充分体现学生作为学习过程主体的主动性、积极性与创造性。随着中国大学 MOOC 的兴起，为了顺应"互联网+"时代教学主体、教学资源与教学媒介等要素的变革与发展，创新信息化条件下的人才培养模式，混合式教学有了新的发展。混合式教学是"线上"网络教学和"线下"面授教学的相互结合与补充，也称为"线上线下混合式教学"，既通过网络学习来增强学生的自主

作者简介：孙宇博，博士，徐州工程学院讲师，研究方向为物流系统优化、生活垃圾收运体系优化。
梁子婧，博士，教授，研究方向为区域物流、物流运营。
卢松泉，博士，徐州工程学院副教授，研究方向为供应链管理。
基金项目：2018 年江苏省社会科学基金一般项目（18EYB009）：江苏区域物流发展空间格局演变研究；
2018 年教育部人文社会科学研究一般项目（18YJA630061）：区域物流发展空间差异研究；
江苏省高等学校自然科学研究重大项目（20KJA120003）。

学习意识和学习能力，充分体现学生的主体性，又通过构建线下课堂学习情境、开展课堂互动、反思来发挥教师的主导作用，培养学生的创新精神，提高实践能力，把学生的学习由浅入深地引向深度学习，从而达到更好的教学效果。

1.2 线上线下混合式教学的实施要求

线上线下混合式教学主要是基于中国大学MOOC、专属在线课程（SPOC）或其他在线课程，运用适当的数字化教学工具，结合本校对校内课程的要求进行教学模式的改造，将线上自主学习与线下课堂现场互动有机结合。混合式教学要求学生先在网上学习教师预先录制或指定的视频资料，获得初步的知识；教师利用课堂时间组织学生交流讨论预习时不懂的问题或有疑惑的问题，教师再根据学生的讨论情况进一步启发学生进行拓展学习，目的是最大限度地提高学生的学习深度。其基本思路是：把传统的学习过程翻转过来，让学生在课外时间自主学习线上的基本知识点和概念，而课堂是教师与学生交流讨论的场所，主要进行答疑解惑、知识讨论、学习汇报。

2 全面网络教学问题的调查分析

笔者根据厦门大学对全面网络教学的调查情况，梳理在线教学开展过程中存在的问题及高校师生对网络教学的感受与意见，继而为后期高校线上教学工作的有序有效开展提供借鉴与启示。

2.1 线上教学培训情况

从调查结果来看，参与调查的教师中，超过80%的教师在开展线上教学前接受过线上教学的相关培训。这说明高校在线上线下混合式教学方面已经做了大量的宣传和培训工作，高校教师有能力和基础开展线上线下混合式教学。

2.2 线上教学模式

通过调查发现，线上教学有利于教师开展互动研讨的翻转课堂，并能引导学生自主学习；使用中国大学MOOC的教师较少，这在一定程度上说明中国大学MOOC资源的普及性不高、通用性不强；由于开课时间仓促，教师对录播软件不熟悉，使用"录播"的教师较少。

2.3 线上教学活动

调查结果说明，大部分教师在进行线上教学过程中，均能做到"设计线上教学方案""有效备课""提交/修改教学材料""有效组织线上教学""在线布置作业、批改和反馈作业"，大部分教师线上教学活动进行得比较顺利。

2.4 线上教学存在的问题及面临的挑战

调查显示，大部分教师认为线上教学存在的问题主要有：部分教学内容不适合线上教学、学生自主学习能力弱、网速及稳定性差、教学平台功能不完善、教学资源不足、学生及教师对教学平台和工具使用不熟练、教育评价方法不适用于线上教学、教学策略及教学方法不适合线上教学等。教师从线下教学转向线上教学面临的挑战主要有：需要改变教学策略和教学方法、需要改变教学习惯和教学观念、课内课外时空界限变模糊、需要学习各种教育技术、增加教学工作负担等。

2.5　教师对采用线上教学的意见

调查结果显示，在全面网络教学过程中，大部分教师选择采用线上教学模式。大部分教师认为，采用线上教学首先需要加强对学生学习的引导；其次需要完善教学内容及教学资源建设，提高现有教学平台的稳定性；再次是加强硬件设施建设，加大政策支持；最后是加强对教师和学生的培训。

2.6　学生对继续采用线上教学的改进意见

从学生的反馈来看，超过 70% 的学生"赞成"（含"非常赞成"）精选适合线上教学的教学内容、提高网络速度及其稳定性、改善平台功能及其稳定性、加强线上技术服务支持等。

3　全面网络教学促进了线上线下混合式教学的开展

线上线下混合式教学实现了"线上"（网络教学）和"线下"（面授教学）的优势互补。"线上"是指教师在课前将教学资源和学习要求上传到线上教学平台，让学生进行线上自主学习，培养学生的自主学习能力；"线下"是指教师在教室构建情景、交互、体验、反思为一体的翻转课堂的教学模式，使学生进行深度学习。因此，网络教学是线上线下混合式教学的组成部分。全面网络教学不仅是特殊条件下的一场挑战，同时也为线上线下混合式教学提供了宝贵的线上教学经验，推进了线上线下混合式教学的开展，极大地拓宽了教师的教育视阈，激活教师的教育信心和创新意识。

3.1　疫情迫使线上线下混合式教学的发展

新冠肺炎疫情迫使全国各大高校的师生适应网络教学，无疑为线上教学提供了前所未有的机遇。许多线上教学课程资源被教师重视和应用，很多教师也积极挖掘并利用免费开放的在线教育平台和教学资源开展线上教学。这些都预示着线上教学将更加深入地进入教师和学生的教学活动中，为线上线下混合式教学的开展积累了大量的经验。

3.2　加快了网络教学平台的建设与完善

全面网络教学期间，部分教师和学生反映网络不畅通、网络教学平台不稳定等问题，各高校和网络教学平台建设方在此期间不断加强网络教学平台的使用培训，为教师和学生提供解决方案。全面网络教学期间，网络教学平台的使用培训、教学过程中出现的问题及其解决方案，均为线上线下混合式教学的顺利开展和实施提供了丰富的经验，加快了网络教学平台的建设与完善。

3.3 丰富了网络教学资源

疫情期间不少教师反映，尽管网络教学资源丰富，但内容较散，不如课本知识；部分专业课的网络学习资源还十分匮乏，甚至是空白；部分网络学习资源仅对会员开放，需付费使用或者无法使用。为了解决这些问题，有些教师开始自己录制教学视频，竭尽全力查找网上课程信息用于网络教学，丰富了网络教学资源，加快了网络教学课程的建设工作，丰富了线上线下混合式教学的网络教学内容。

3.4 拓宽了教师的教育视阈，积累线上教学经验

疫情期间，教师只能采用线上教学方式，使教师真正感受到人工智能、信息技术发展为教学带来的便捷，增强了教师对信息技术的敏感性，教师不断吸收最前沿的信息技术，提升自身的信息素养，让信息技术与教学真正结合起来，进而提高教学效率。广大教师重新审视原来的教学环节，研究哪些环节可以利用信息技术来提高教学效率，哪些环节可以让学生的学习变得更直观、更有思维可视性；研究如何搜索和筛选教学资源为自己所用、为学生所用，丰富教师的教育视阈。同时，许多教师也根据自己所承担的课程情况，加强网络课程建设，整合优秀资源，优化教学环节，为线上线下混合式教学积累网络教学资源。

3.5 激活了教师"以学生为中心"的教学意识和创新意识

网络教学现场感较弱，教学监控性差，这就对高校教师如何激发学生的学习兴趣、引导学生选择和利用适合自己的学习资源进行高效的个性化学习等提出了很高的要求，使教师开始真正树立"以学生为中心"的教学理念，最大限度地激发学生的学习兴趣和学习自主性。因此，全面网络教学激活了广大教师"以学生为中心"的教学意识和创新意识，激发教师主动思考、积极研究新的教学方法和教学模式，这也为后续的线上线下混合式教学的开展带来了很多启发。

4 线上线下混合式教学开展的建议

4.1 促进优质教学资源的研发与利用

线上教学需要优质的网络教学资源，组织优秀教师开辟、研发优质的教学资源是吸引学生学习的最有效手段和法宝，也是提高教学质量的必要条件。调查发现，疫情期间使用"录播"和中国大学MOOC进行线上教学的教师较少。为了今后能更好地开展线上线下混合式教学，大力研发优质的网络教学资源已迫在眉睫。再者，对一门课程来说，系统化的网络教学资源是非常必要的，这就要求各知识点的呈现应由易到难，环环相扣，脉络清晰；各项资源相辅相成，使学生通过网络教学资源了解和掌握每个知识点，成为学生深入学习的必要保障。

4.2 创新"以学生为中心"的教学模式

在具体开展线上教学时，教师要坚持"以学生为中心"的教学理念，设计不同的项目式任务，用任务驱动法、项目教学法等各种教学方法激发学生自主学习的动机，促使学生去实践、反馈和思考，培养学生自主学习的能力和习惯。教师要以实用为原则，多采用任务驱动式的教学方法，以完成项目内容的学习方式来调动学生的线上学习积极性。教师要尽快熟练运用多个线上教学平台，利用不同线上教学平台的优点。教师应通过线下课堂教学进行分组讨论、主题讨论、学习汇报、答疑辅导、启发进一步思考的问题，达到深度学习的效果。

4.3 根据教学目标，注重课程群的建设

开展线上线下混合式教学必须立足于当前社会经济发展对相应专业人才的需求，以学生专业能力、实践能力、创新能力和就业能力的培养为目标定位，设置"模块化"的教学内容。合理开展专业课程群的建设，注重课程群内课与课之间的资源平衡，优化课程群教学资源的配置，使各课教学资源相辅相成，充分满足不同阶段、不同能力的学生的需求，并充分体现线上教学资源的共享优势。

4.4 构建模块化教学体系

建设线上线下混合式教学体系，教师必须要清晰、透彻地掌握所授课程的内容体系，建立一套完整的教学资源体系，使教学内容"模块化"，使学生更容易自主进行线上学习，掌握知识点。"模块化"教学能够引导学生更好地应用理论知识解决具体的实际问题。

5 结 语

本文结合线上线下混合式教学开展的要求和形势，依据某高校对疫情期间线上教学的调查情况，为以后更好地开展线上线下混合式教学提出了几点建议，以为高校教育工作者推进线上线下混合式教学改革提供参考。

参考文献

[1] 董晓红.线上线下"混合式"教学改革与实践 [J].科技风，2021(03)：57-58.

[2] 腾越．大学生网络课程使用情况分析[J].现代商贸工业，2020,41(20)：49-50.

[3] 贾文军,郭玉婷,赵泽宁．大学生在线学习体验的聚类分析研究[J].中国高教研究，2020(04)：23-27.

[4] 白茹,刘艳.线上线下相结合的混合式教学应用效果调查[J].科教文汇,2020(12)：55-56,73.

[5] 石明忱,安秀芳.基于线上+线下混合式教学模式的学生个性化学习实现探究[J]. 湖北

工业职业技术学院学报,2020,33(06)：14-17.

［6］　姜晓丽.线上线下混合式教学模式改革探究［J］.现代商贸工业 ，2020,41（36）：
125-126.

［7］　刘畅,董海荣,商迪.疫情推动网络教学不断完善［J］.共产党员（河北）,2020（10）：
19-21.

［8］　常佩佩,任美霞.“物流工程学”课程教学改革探究［J］.新课程研究,2020（30）:89-90.

混合式课堂生态系统的构建研究

陈扬，唐新宇

摘　要：当前混合式课堂生态系统的研究还处于起步阶段。混合式课堂生态系统的构建应遵循生态发展理念的基本原则。混合式课堂生态系统以教学主体形成的生态群为核心，包含主体核心层、连接层、环境层和数据层，在其中，学生能获得较为积极的情感体验并可能收获较佳的学习效果，教师也能有更多样化的教学选择和更丰富的信息反馈。

关键词：混合式课堂；课堂生态；系统

2020春季，受疫情影响，教师居家施教、学生居家学习。虽然这种方式是特殊时期的"应急态新课堂"，但带给教育的思考应是深入并持久的。学校、教师、学生如何顺利从在线教学主导的"应急态"进入混合式教学的"新样态"，这就需要构建能融合利用网络资源和线下课堂资源、融合师生主体与教学环境的混合式教学课堂的新生态。

课堂生态通常是指教师和学生在课堂环境下的存在、发展状态以及相互之间的关系，包括客体性课堂生态主体、客体性课堂生态环境和派生性课堂生态环境。当前，混合式课堂生态系统的研究还处于起步阶段，研究主要集中在模型构建、路径探寻等方面，应用型研究是较为缺乏的。随着教育信息化从"应急态"向"新常态"回归，全场景的学习支持必然会受到重视。在中国知网以"混合""课堂"及"混合""教学"等为关键词组合进行查询，近5年相关研究论文有200余篇，可见混合式教学在近5年受到很大的关注。但这些研究明显忽略了课堂生态作为一个整体系统对教和学的效果产生多维复杂的决定作用。在中国知网以"网络""课堂生态"等为关键词组合进行搜索，近5年的相关研究论文不足200篇，而且呈现"U"字形特征。

1　混合式课堂非生态化的问题

混合式课堂是"线下"与"线上"教学的混合，其最终目的不是建设数字化教学资源和使用在线平台，也不是去开展多种多样的教学活动，而是加强学生学习的深度。因此，如果无法有效构建起课堂生态，必然难以实现预期的

作者简介：陈扬，徐州工程学院管理工程学院教师。
　　　　　唐新宇，徐州工程学院管理工程学院学生。
基金项目：2020徐州工程学院教育科学研究课题（YGJ2060）。

教学效果。混合式课堂非生态化的问题主要表现在以下方面：

第一，"线下"课堂存在着传统课堂的教学习惯。"线下"课堂中教师的话语权对学生的主体性有抑制作用，课堂氛围较为沉闷与压抑，尤其是部分教师对混合式教学认识不足，认为"线下"课堂基本就是照搬传统课堂，这不仅无法充分体现学生的学习主体性，也无法与"线上"学习有效融合。

第二，"线上"课堂中学生过度自由对教师的主导作用有抑制作用。如果把"线上"教学视为利用数字资源和线上平台任由学生自主学习，则忽视了教师在整个教学中的主导作用，教学效果难以保证。

可见，课堂非生态化会使课堂缺少师生平等对话的机会，妨碍师生之间的经验共享，也容易导致学生的主体地位被过分夸大。教师和学生作为课堂生态的两大主体，他们之间以独特的方式改变着课堂环境，形成完整的课堂生态系统；同时，以师生彼此为参照也会形成教师生态群、学生生态群及师生生态群，在生态群内部及外部的交织作用下，形成一个多维的有机整体。

2 混合式课堂生态系统的构建

生态发展理念强调教与学各要素的协同发展，构建学习"生态化环境"时要遵循教育性原则、有效性原则、平衡性原则等基本原则。注重规避学习环境中不利于学生身心发展的条件和因素，追求学习环境优化的实际效果，尽量满足每一个学生对学习环境的需求。在混合式教学中，教学主体、教学资源、教学方法、教学环境共同构成一个协同共生、可持续发展的系统，涉及课前、课中、课后3个阶段。

混合式课堂生态系统涉及"线上"和"线下"两个子系统，其构成要素包括教学主体、教学资源、教学方法、课堂环境及教学数据等。教学主体是教师和学生，他们是教学活动的进行者，这里不仅包括教师和学生个体，也包括教师生态群、学生生态群和师生生态群。教学资源是指教学主体之间及其与教学环境之间传递的具有教育价值的信息载体，其转化程度取决于课堂生态主体对教学资源的加工、处理、消化和吸收程度。课堂环境是一个内涵非常广泛的概念，广义的课堂环境包括自然环境、社会环境和规范环境，而狭义的课堂环境主要是指教学环境和规范氛围。教学数据包括"线上"平台提供的数据和"线下"课堂的教学数据。

混合式课堂生态系统是以教学主体为核心，各要素之间相互作用的动态系统。课堂生态系统模型如图1所示，该模型以作为教学主体的教师生态群和学生生态群为核心，教师和学生通过连接层的纽带功能与环境层产生相互影响，整个过程推动着课堂生态系统数据的产生、流动、循环与利用。学生利用教学资源进行自主学习、互助学习、成果展示分享等，不仅能从生态系统中汲取能量与智慧，而且能通过与系统中其他要素的相互作用为课堂生态系统带来生命活力；教师根据学生交互活动产生的数据进行精准学情分析，根据学生的需求进行教学决策改进。

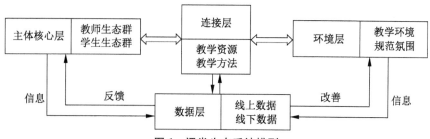

图 1　课堂生态系统模型

连接层主要由多样化的教学资源和教学方法组成，是生态群内外交互及核心主体与环境交互的途径。教学资源多数以视频、图像、文档等形式存在，教师通过选择不同的资源形式和传播途径，使学生能够方便地获取和分享学习资源。教师需要根据学生的学习情况优化教学资源，改进教学方法，以激发学生的学习兴趣。

课堂环境既影响着教学主体的教与学，同时又受教学主体的影响，其包含教学环境和规范氛围。教学环境为学生的在线自主学习及合作交流学习提供了支持，线下教学环境的设计和应用也很重要，如教室的布置等。规范氛围的创建有利于维持较为开放平等的师生关系，有利于激发学生的学习积极性，创造和谐有活力的课堂氛围，如乐于表达的课堂风气、团结互助的班风、对错误和失败的包容，等等。

数据层是整个系统的汇流中心，数据来源于整个系统的各个部分，经过数据整理、挖掘和分析，又反馈给各个部分，以利于生态系统各个部分进行调整和改善。根据数据分析结果，教师可改进教学决策，优化教学，学生可加深对自身学习情况的了解，调整学习方法和策略。这不仅为教学主体双方提供了反馈，而且有助于系统漏洞的修复，维持系统内部的稳定，为该生态系统的自我调节提供条件，促进其良性发展。

课堂生态结构并不是一成不变的，而是动态的，它会随课堂生态中各个因子的变化而变化，甚至会发生突变。各因子共同影响着课堂生态系统内信息流动的方式与途径，从而生成不同的教学模式，呈现出不同的课堂形态结构。

3　"经济学原理"课程混合式课堂生态系统的应用

"经济学原理"课程是经济管理类专业的专业基础课，按照教学安排，其开课时间在春季，2020 年因受疫情影响，采用了混合式教学方式，并以线上教学为主。"经济学原理"课程混合式课堂生态设计见图 2。

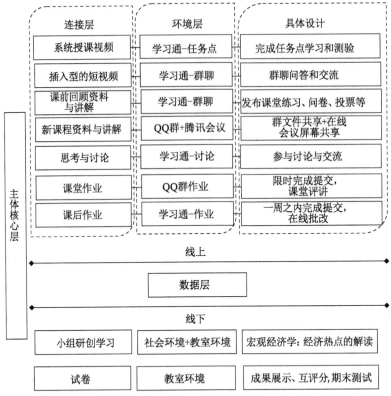

连接层	环境层	具体设计
系统授课视频	学习通-任务点	完成任务点学习和测验
插入型的短视频	学习通-群聊	群聊问答和交流
课前回顾资料与讲解	学习通-群聊	发布课堂练习、问卷、投票等
新课程资料与讲解	QQ群+腾讯会议	群文件共享+在线会议屏幕共享
思考与讨论	学习通-讨论	参与讨论与交流
课堂作业	QQ群作业	限时完成提交，课堂评讲
课后作业	学习通-作业	一周之内完成提交，在线批改

主体核心层

线上

数据层

线下

小组研创学习	社会环境+教室环境	宏观经济学：经济热点的解读
试卷	教室环境	成果展示、互评分，期末测试

图2 "经济学原理"课程混合式课堂生态设计

　　课堂生态系统包括上文所述的主体核心层、连接层、环境层和数据层。由于"经济学原理"课程的教学对象是大一学生，且学生居家学习的硬件环境有差异，因此选择了能适应不同居家学习环境的多样化教学资源和方法，也根据不同的连接层对应选择了不同的环境层。直播内容一般是新课程中需要解释清楚的要点和例题讲解，对网络速度和硬件条件要求较高，所以直播平台选的是腾讯会议，其相较于其他平台更流畅且流量消耗较少，参课人员实时交流也比较方便。除此之外，学习通平台基本承担了其余的各项教学任务。学习通作为专业的教学平台，终端多样，功能较为丰富，最关键的是，学生有学校分配的学习通账号，使用起来更熟悉和方便。学习通的群聊功能主要应用于师生的实时交流，用于课前回顾已学知识，在学习通的群中上传和下载课程短视频的速度都非常快。教师和学生都可以在学习通发布讨论题目，并参与讨论，然后会得到相应学习通课程积分。线下课堂时间较短，教师适时将其调整为针对热点宏观经济问题的小组研创学习，小组共同研习和巩固线上学习过的相关宏观经济学知识，确定研究主题，搜集资料和分析讨论，形成报告并在课堂进行汇报，最后，采用互评法进行评分。

4 效果分析与总结

通过一学期的尝试，与以往传统课堂教学相比，混合式生态课堂具有以下优点。第一，在混合式生态课堂中，学习者的课堂参与度明显高于传统课堂。无论是各项课堂互动还是课后讨论，学生都表现出了不同以往的热情。第二，学生生态群在整个教学过程中发挥了极为重要的作用。除了师生交流，学生之间的交流学习也比较方便。从教学相长的角度看，教师也可以获取学生是如何学习和理解知识的一手信息，这种信息是传统课堂教学中教师无法触及的。第三，从学习效果来看，由于线上平台的测试设置为学生提交作业或试卷后即显示正确答案，学生可即时获得作业反馈，保持了思维的连贯性，有助于更正和巩固知识。学生期末测试的成绩有所提高，卷面90分以上的比例明显增加，60分及以下的比例明显减少。

5 结 语

混合式课堂生态系统以教学主体形成的生态群为核心，包含主体核心层、连接层、环境层和数据层，在系统中，学生能获得较为积极的情感体验并可能取得较佳的学习效果，教师也能有更多样化的教学选择和更丰富的信息反馈。

参考文献

[1] 黄志芳,周瑞婕,万力勇.混合学习环境下交互式课堂生态系统设计及实证研究[J].电化教育研究,2020(4):78-85.

[2] 中华人民共和国教育部.教育部关于印发《教育信息化2.0行动计划》的通知[EB/OL].(2018-04-25)[2019-06-01].http://www.moe.gov.cn/srcsite/A16/s3342/201804/t20180425_334188.html.

[3] 方兵,杨成.I—时代的高校信息化教学资源建设探析——以开放大学为例[J].远程教育杂志,2013,31(6):88-94.

[4] 徐慧敏,曹辉.课堂生态的内涵、功能与特征[J].教学与管理,2015(3):1-3.

[5] 徐春浪,汪天皎.生态学习环境的系统模型及其构建[J].教学与管理,2016(7):1-3.

线上课堂 "1+1" 平台实践探究

余慕溪

摘 要: 在 2020 年春季学期"停课不停学"的大背景下,本文基于"互联网+教育"新型学习形态提出了"录播教学+直播教学"的"1+1"在线教学模式,在介绍视频录播和在线直播两种在线教学模式的功能、特征、利弊的基础上,分析了在线课堂过程管理中的现实问题,展望了"1+1"线上教学平台的未来发展导向。

关键词: 在线教学;视频录播;在线直播

1 引 言

2015 年,国务院和教育部相继出台《关于积极推进"互联网+"行动的指导意见》和《关于加强高等学校在线开放课程建设应用与管理的意见》等文件,催生了"互联网+教育"新型学习形态的出现。2020 年春季,全国高校积极响应教育部"停课不停学"的要求,全面开启网络教学模式。

为充分利用线上授课渠道与教学资源,保证线上课堂教学质量,教师大多选择"1+1"双平台,即同时使用教学资源平台和社交/直播平台进行线上教学。当前我国教学资源平台主要有中国大学 MOOC、超星学习通、雨课堂等拥有海量在线资源的在线教育平台,社交/直播平台主要有腾讯会议、微信群、QQ 群等。教学资源平台主要用于在线课堂内容的建设,社交/直播平台主要用于在线课堂的过程管理,双平台都可以对在线课堂的教学质量评价提供有效的数据与信息。

2 在线课堂内容建设

线上课堂内容建设要遵循的原则。第一,保证在线课堂内容与教材内容、教学大纲、教学进度保持一致,要有连贯性;第二,内容丰富;第三,形式多样;第四,要体现课程思政内容。

2.1 课程资料

在线课堂实施中,不仅要有课堂上用到的如电子版教材、教学大纲、教学进度表、教学课件等基础性教学资料,还要有案例库、习题测试、课堂讨论题

作者简介:余慕溪,博士,徐州工程学院管理工程学院讲师。

库、调研问卷等，以及与教学内容相关的参考文献、图片、视频、音频、动画、网络链接等资料，这些内容不仅能够帮助学生更好地理解所学知识点，还能通过课外相关资料、课后小测试或讨论组来帮助学生体验认知深化的过程。

2.2 视频录播

录播是将知识点、案例等教学内容提前通过影像和声音进行录制、保存，之后再选择在不同的时间进行发布。虽然这种信息的传播具有延时性，但学生可以随时播放，有利于知识点的预习与复习。在线上课程录制前，教师需要进行大量的录前准备，并且需要整个课程组和教学团队为教学过程提供支持。在课程录制过程中，教师可以依据教学设计方案讲授课程内容，合理安排每个知识点的讲解时间。在后期制作过程中，如果部分知识点讲解不清晰或者有失误，可以进行重新录制；如果发现录制的部分内容和课程相关性不大或有争议，也可以对该部分进行删减。通过对录制视频的后期制作与优化，教师可以将更完整、更有逻辑性的在线课程发布到网络课程平台，供学生在线学习。

录制的视频打破了时间与空间的限制，学生可以根据自己的实际情况选择不同的时间或地点进行学习，亦可以根据不同的知识点将录制的视频切分为一个个的短视频或片段，打破了"45分钟一节课"的规则。学生根据自身的知识掌握情况选择需要学习的内容，对于已经理解的知识点，可以跳过该部分；对于需要进一步了解的知识点，则可以深入学习。在线课程还可以暂停、回放，这些都是传统课堂无法比拟的。

但是，录制的视频也有缺点，例如，学生在学习的过程中，不能和老师进行便捷地实时互动。学生若有疑问，一般是通过课程平台的讨论组或后台进行提问，再由课程教学团队线上解答，但这种互动并不是实时的，学生从问题的提出到问题的解答有一定的时间差，这在一定程度上影响了学习效果。因此，不能仅仅依靠录制的视频进行教学，还需要同时运用社交/直播软件进行线上课堂的直播教学。

3 在线课堂过程管理

在线直播是指教师与学生在同一时间、不同空间开展的教学活动，具有信息实时传播的特点。在线直播教学中，教师可以控制整个教学过程，并且可以运用社交/直播平台进行互动交流。教师在上课过程中，可以就某个话题与学生进行讨论；学生在学习过程中，对于不懂的知识点，可以及时地向老师和同学寻求帮助和解答；教师还可以根据学生课堂的表现实时调整教学进度与内容。这些互动都有利于提升课堂的教学效果，也有助于对在线教学过程进行质量控制。

在线直播课堂的教学效果会受到多方面的影响，如教师和学生的课堂状态、网络的稳定性、硬件设备、平台流畅度等；教师状态是否良好、备课是否充分、讲课思路是否清晰、板书内容布局是否科学规范、课堂时间安排是否合理、授课进度是否适中，这些都会影响教师的上课质量。学生状态是否良好、层次分布是否合理、互动是否活跃、是否能跟上学习进度，这些都将影响学生的学习质量。

在线直播课堂最大的影响因素是网络的稳定性及平台的流畅度。疫情期间，我校常用的学习通平台由于无法承载超大流量并发访问冲击，系统面临崩溃，相关话题"学习通崩了"登上热搜榜。随后，学习通发布官方微博进行答复，由于高校网络课程陆续开课，2020 年 2 月 17 日学习通使用量瞬间超过 1200 万人，服务器压力过大，导致部分用户在使用登录、图片传输等功能时出现短暂异常；学习通还表示，其技术人员采取了限流措施，并反复提示用户错峰学习。不只是学习通，面对巨大流量的考验，多个平台都措手不及，如知到、中国大学 MOOC 等。很多在线教育平台都存在卡顿、闪退、掉线等问题，阿里、华为、腾讯云交互服务均存在压力过载问题。面对上述问题，教师与学生都会因此产生不满情绪。

4　在线课堂质量评价

目前，无论是教学资源平台，还是社交/直播平台，都可以对学生登录课程平台的次数、观看课程视频的次数、提交作业的次数、参与课程讨论的次数、完成小测验的次数和是否完成最终考试等数据进行全面记录（图 1、图 2）。

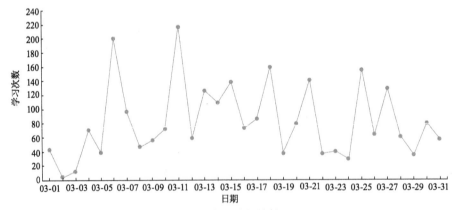

图 1　学生访问统计

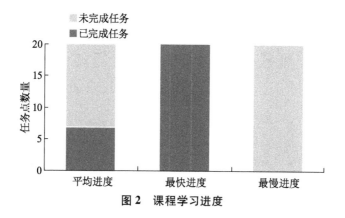

图2　课程学习进度

5　结　语

　　为了适应新的教学模式，借助教育信息化技术，越来越多的教师选择在线课程平台进行线上课程教学与课程资源管理。同时，为了更好地进行线上教学过程管理，社交/直播平台也被广泛应用。"1+1"平台课前为学生提供资源库进行学习，课中便于师生互动，课后提供作业讨论与学习评估反馈，最终实现对学生课前、课中、课后整个学习流程的全监控，建立起完整的教学体系，是一种全新的教学模式。

参考文献

［1］　石建迈,胡星辰,程光权,等.线上线下结合模式下以学生为中心的大学教学管理[J].现代职业教育,2020(40):112-113.

［2］　叶洋,王琰,王铁英,等.新冠肺炎疫情下高校线上教学平台的选择:教学技术还是技术教学[J].教育教学论坛,2020(43):298-300.

［3］　钟秉林.互联网教学与高校人才培养[J].中国大学教学,2015(09):4-8.

［4］　杨宇翔,黄继业,吴占雄.线上线下混合教学模式实施方案设计[J].课程教育研究,2015(05):3-4.

［5］　赵民,林华.居住区公共服务设施配建指标体系研究[J].城市规划,2002(12):72-75.

高校线上教学的探索与讨论

王雨辰

摘 要：本文以高校本科线上教学方式为研究对象，针对线上教学活动中理论教学与实践教学环节的特点与方法，提出了"三阶段"递进模式的教学方式：第一阶段，教师线上教学结合学生自主学习；第二阶段，教师归纳总结，学生吸收反馈；第三阶段，实践学习。"三阶段"递进模式的教学方式能够利用线上教学的实时性、便捷性优势，有利于提高教学效果。

关键词：线上教学；在线教育平台

由于网络信息技术的迅猛发展，大量数字教学资源、远程学习工具的建立与开发，让学生对学习方式的选择更加多元化。为了配合信息化时代背景下的教学方式改革，本文对高校教学方式的调整进行了一些深入探讨，对多元化线上教学模式展开了一定的设计，以更好地激发学生学习的积极性，增强网络教学的效果。

本文提出了"三阶段"递进模式的线上教学方式：第一个阶段，教师线上教学结合学生自主学习；第二阶段，教师归纳总结，学生吸收反馈；第三阶段，实践学习。通过以上 3 个阶段，学生与教师可在仅依赖线上教学互动的条件下，完成多种类型的高校本科教学任务。

1 第一阶段——教师线上教学结合学生自主学习

第一阶段是教师线上教学结合学生自主学习。培养和提高学生的自学能力是各大高校本科教育的目标之一。在以前的教学活动中，教师从学生进入校园开始就对其开展自学能力方面的训练，所以在特殊时期，学生可以依靠网络在线教育平台与软件完成一部分的学习任务，教师也可以通过相应的平台对学生进行远程指导。

随着网络、大数据和云计算技术的发展，在线教育平台为学生提供了许多教育资源和学习资料，不仅解决了教师与学生的空间距离问题，还能够实现灵活、高效、便捷的在线学习。在新冠肺炎疫情期间，为了顺利实施居家隔离政策，各大高校均推迟开学。延迟开学带来了教学任务的累积和挑战，使得学校

作者简介：王雨辰，博士，徐州工程学院管理工程学院大数据管理与应用讲师，主要从事区域气候数值模拟研究。

纷纷借助"互联网+"技术在线上开展教学活动。疫情期间，各高校响应"停课不停学"政策，在线教育得到了充分的实践、利用和反馈，同时也促进了中国大学 MOOC、智慧树、SPOC、学习通和雨课堂等平台的发展。

以中国大学 MOOC 为例，它由清华大学研发，面向全世界范围提供在线课程，其中涵盖了清华大学、复旦大学、北京大学、麻省理工学院和斯坦福大学等国内外顶尖大学的优质教学资源，涉及理学、电子计算机、工学、管理、经济、文学和历史等多个学科与学术领域。同时，该平台运行的课程数已达 1000 多门，任何拥有上网条件的学生均可通过该平台在网上观看课程视频。通过中国大学 MOOC 可以总结出在线教育平台具有的特点：① 灵活性高，与传统的课程教学不同，学生可通过互联网进行在线学习，不受时间、地点的限制，学生只需通过一定的设备联网即可；② 覆盖范围广，在线教育平台具有多个学科和领域的高水平、国家级精品课程，可以满足不同学科和专业学生的需求。

即便在线教学平台能够在特殊阶段发挥如此重要的作用，但它也有一定的缺点，那就是缺少有针对性的指导，不能满足学生个性化的学习需求。因此，这类学习平台比较适合于自学能力和自觉性比较强的学生，这类学生的学习习惯和学习方法较好，不需要相应的监督和管理，自己就能完成相应的学习。针对以上缺点，学校可以采取混合式教学方式，教师结合学生的学习特点，推荐不同的网络学习平台。针对学习能力较强、自觉性较高的学生，可以多推荐和补充一些类似于 MOOC 平台课程的学习内容；针对学习能力较弱、自学能力较差的学生，可以选择一些小规模的学习平台，比如 SPOC。SPOC 中有教学团队的指导及相应的互动环节，结合了线上线下教学的特点，可提升学生的学习效率。

2　第二阶段——教师归纳总结，学生吸收反馈

在第二阶段，教师会对学生在第一阶段学习的内容进行相应的归纳与总结，帮助学生吸收相应的知识；同时，督促学生对已学习的内容进行巩固和复习，测试学生对所学知识的掌握情况。根据测验结果的反馈，对知识进行重点、难点的再讲解，以达到帮助学生熟练掌握知识的目的。

3　第三阶段——实践学习

针对理论知识，将需要开展的相应实践课程学习分为以下两个方面完成：一是实验、实训、实习课程的学习；二是毕业论文和毕业设计的完成。

首先，实验、实训和实习课程主要是考查学生对理论知识的掌握情况，同时培养学生动手和科学研究的能力。在开学前期，教师需要提前布置相应的实验内容。另外，还需要准备对应的操作视频，指导学生在电脑上进行仿真实

验，等等，让学生从感观上对实验有新的认识。

另一方面，针对毕业生的毕业论文（毕业设计），需要通过远程指导来完成。毕业论文（毕业设计）是对大学生4年学习的知识体系及应用能力的综合考查和评价，能够从整体上考量学生在大学阶段所达到的学业水平，培养学生的科学研究能力和综合应用知识的能力，是本科人才培养计划中不可缺少的重要环节。对于毕业论文（毕业设计）的开展，指导教师可先在QQ群或微信群中布置相应的任务，如查找相应课题的文献资料，归纳总结文献资料，设计实验方案，确定设计思路，了解论文的正确书写方法，构建撰写毕业论文（毕业设计）说明书的基本框架，为毕业论文（毕业设计）的完成奠定一定的基础。指导教师可以和学生共同研讨，共同确定合理的实验方案、设计路线、工艺流程等，让学生对毕业论文（毕业设计）有一个清晰、明确的思路。这样有利于在学校正式开学后，学生尽快投入到实验室进行毕业论文的相关实验，以及毕业设计的相应计算、图纸绘制，保证学生高质量地完成毕业论文（毕业设计）。

4 结 语

本文就信息化时代背景下高校开展本科教学并提出了教学的3个阶段：第一阶段，教师线上教学结合学生自主学习；第二阶段，教师归纳总结，学生吸收反馈；第三阶段，实践学习。

学校应统筹安排，将学时多的课程、必修课程、"互联网+"教育平台有课程资源的课程安排在第一阶段；将学时少的课程、选修课程、第一阶段自学学习没有完成的课程安排在第二阶段；将实验课、实训课等安排在第三阶段。另外，即将毕业学生的论文可以结合第一阶段和第三阶段的学习共同完成。

在一些特殊情况下，为了保质保量地完成本科培养计划，我们必须要有一定的前瞻性，提前做好准备，最大限度地发挥"互联网+"教育平台、QQ群、微信群等现代信息技术工具的作用，以保证教学任务的顺利完成。

参考文献

［1］ WHO. Coronavirus disease（COVID-19）pandemic［EB/OL］.［2020-10-02］https://www.who.int/emergencies/diseases/novel-coronavirus-2019.

［2］ 中华人民共和国教育部.教育部应对新型冠状病毒感染肺炎疫情工作领导小组办公室关于在疫情防控期间做好普通高等学校在线教学组织与管理工作的指导意见［EB/OL］.（2020-02-05）［2020-10-02］http://www.moe.gov.cn/srcsite/A08/s7056/202002/t20200205_418138.html.

Online Teaching in the Age of COVID-19: A Case of Personal Experience

Muhammad Jawad Sajid

Abstract: The recent pandemic of COVID-19 has seriously affected the ability of educational institutions to take part in regular classes. As a result, most educational institutions are seeking help from various online teaching platforms to run online classes. This paper offers the author's personal experience of teaching online classes during the COVID-19 era. The paper addresses the different methods and software (platforms) used by the author to perform efficient and productive online classes. Presenting the author's personal experiences can help other teachers involved in online classes. In addition, the study also presents some suggestions for improving online teaching applications (software) that can make online teaching simpler and time-saving.

Keywords: online teaching; COVID-19; applications

1 Introduction

The novel corona virus that causes the disease known as COVID-19 is declared a pandemic by the WHO (World Health Organization) as it has reached almost every nation. Many countries turned to lockdown and social distancing to slow the spread of the COVID-19. Like many other businesses, the educational institutions in COVID-19 affected countries (including China) were temporarily closed. Globally, more than 300 million students (lessons) are affected by the spread of COVID-19, and "educators" are determined to ensure that teaching continues despite the massive disruption caused by COVID-19. This forced the educational institutions to look for the alternative ways. The technology in the shape of online teaching provided the solution to this important issue. Online (digital) learning tools and technology communicate with students remotely, play a critical role in keeping students engaged in the midst of school closures due to coronavirus.

Various online training resources and applications are readily available. In this article, I will address the tools, applications and approaches that I personally use to

作者简介: Muhammad Jawad Sajid 贾瓦德，博士，徐州工程学院管理学院讲师，主要研究方向为环境管理。

make my online classes as successful as possible. Presenting my personal experience with various online teaching tools and methods, may be helpful in guiding other teachers concerned with online classes, particularly under the age of COVID-19. The remainder of the paper shall be structured in the following manner. Section 2 covers pre-and post-lecture methods and tools: student engagement by online groups (2.1), online lecture delivery (2.2), student homework and other tasks (2.3). And finally, in the section 3, I will conclude the work and make some suggestions for improving the online classes.

2　Pre-and post-lecture methods and tools

2.1　Student engagement by online groups

I think it's really important to have a personal interaction with students, particularly when it's not possible to communicate with them in the regular non-online classes. For this purpose, I have set up groups for each class (subject) separately. The QQ software is used by me to build class (subject wise) groups for students. Figure 1 offers a graphical representation of the QQ group interaction and notifications. Students

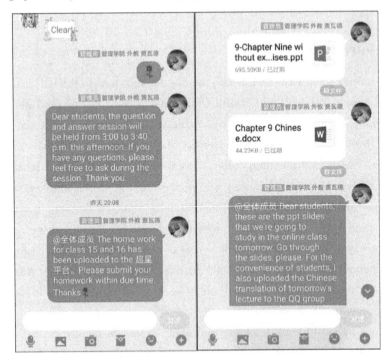

Figure 1　Example of student interaction, material and notification

sharing through the QQ class group

are free to interact with the instructor and with each other to discuss issues relevant to the online lesson and other issues. The group is often used to upload the teaching courseware (slides) and other material a few days before the class, so that students can study the lessons in advance. In addition, various notices (alerts) are also exchanged in the QQ group. Moreover, a forty-minute question and answer session is also held every week to concentrate on common questions regarding material thought during the week.

2.2　Online lecture delivery

The program that I use to run the actual online lecture is "Tencent's classroom" (translated from Chinese) . The APP provides many important features such as presentation slides (PPT), live streaming of instructor voice and video, online text messaging (chat room), multiple choice questions quiz, different writing methods (writing board), screen sharing, etc. At the beginning, throughout and at the end of the class, I use the Tencent's attendance marker to mark the attendance, not only to know students who have joined the class, but also to test whether or not they are present throughout the duration of the class. I usually read the slides with my video feed and ask a few questions during the lesson to allow the student input and interaction. I also pick random students to ensure that students are always attentive. Ultimately, in order to make lessons interesting and prevent boredom, I use practical examples as much as possible by showing the students physical equipment related to the subject under discussion. Figure 2 and Figure 3 contain examples from my online class.

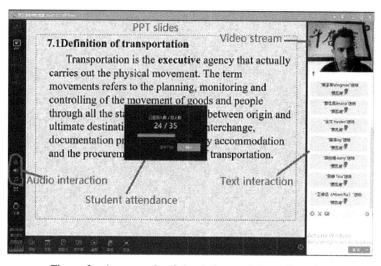

Figure 2　An example of the delivery of the online class

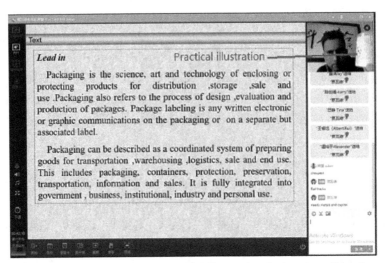

Figure 3　An example of the practical illustration during the online class

2.3　Student homework and other tasks

I use "Superstar platform" for the development, uploading and marking of the student homework. The "Superstar platform" offers various options, like the course plan, online test and exam, group chat, discussion, notices, attendance, questioner and cloud storage, etc. I also use this platform to develop the teaching plan and miscellaneous notices. Figure 4 contains the graphical illustration of the different online teaching options available under the "Superstar platform". After the deadline for submitting homework is over, I'll give the students the correct answers to the homework in the QQ group. Students are assessed on the basis of their classroom participation, homework, class attendance during the online class, etc.

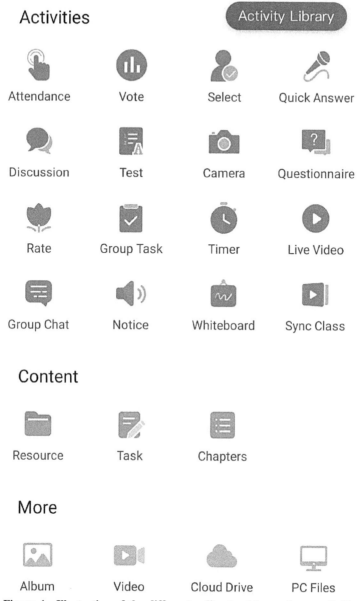

Figure 4   Illustration of the different online teaching options available under the "Super star platform"

3   Conclusion

Online teaching has some advantages and disadvantages. The main drawback of online teaching compared to conventional teaching is the difficulty of interacting with students. Online teachers should therefore use multiple platforms (as listed above) to communicate with students. Teacher connections with students should include genuine attempts to interact with students during the online class and after the online class. The introduction of online teaching platforms such as the Tencent's classroom, the Zoom, the Google Hangout and the "Superstar platform" etc. has also helped to reduce the interaction issue. But there is still a huge need to create a single program that not only need offers options such as live video, audio, text and slides sharing, but also options such as student homework, test and exam development and assessment, teacher planning and scheduling, etc. There is no such project built to the best of my knowledge. I therefore strongly suggest the development of such a single platform, which combines all of the above mentioned features under one application. This will make online class much easier and more convenient .

References

[1] Chappel B. WHO sets 6 conditions for ending a coronavirus lockdown[EB/OL]. (2020-04-15)[2020-09-20] https://www. npr. org/sections/goatsandsoda/2020/04/15/834021103/who-sets-6-conditions-for-ending-a-coronavirus-lockdown.

[2] Dolcourt J. 7 things not to do when coronavirus lockdown and quarantine end[EB/OL]. (2020-07-02)[2020-09-20] https://www. cnet. com/how-to/5-things-not-to-do-when-coronavirus-quarantine-and-lockdown-end/.

[3] Star M G. Online education becomes teacher's pet in COVID-19 crisis[EB/OL].(2020-03-20)[2020-09-20] https://www. forbes. com/sites/mergermarket/2020/03/20/online-education-becomes-teachers-pet-in-covid-19-crisis/#26c6085c1aa1.

[4] Schaffhauser D. Updated: free resources for schools during COVID-19 outbreak[EB/OL]. (2020-03-13)[2020-09-20] https://thejournal. com/articles/2020/03/13/free-resources-ed-tech-companies-step-up-during-coronavirus-outbreak.aspx.

[5] Read D L. Embracing online teaching during the COVID-19 pandemic[EB/OL].(2020-03-17)[2020-09-20]https://www.ecampusnews.com/2020/03/17/embracing-online-teaching-during-the-covid-19-pandemic/.

[6] Gewin V. Five tips for moving teaching online as COVID-19 takes hold[EB/OL].(2020-03-24)[2020-09-20]https://www.nature.com/articles/d41586-020-00896-7.

[7] Darby F. 5 Low-Tech, time-saving ways to teach online during Covid-19[EB/OL].(2020-04-14) [2020-09-20] https://www. chronicle. com/article/5-Low-Tech-Time-Saving-Ways/248519.

[8] Haning G. Taking or teaching online classes because of COVID-19? Here are some tips and tricks[EB/OL].(2020-05-21)[2020-09-20] https://www. usatoday. com/story/opinion/2020/03/21/taking-teaching-online-class-covid-19-tips-tricks-column/5063239002/.

基于"超星教学平台+QQ"的"信息检索"课程在线教学实践

师忠凯

摘　要：本文从课程资源建设、在线师生互动等方面介绍了基于"超星教学平台+QQ"的"信息检索"课程在线教学实践经验。笔者认为要重视课程门户、电子版教材、教学视频等的建设；在线测试、主题讨论及答疑是在线教学不可或缺的重要环节。并对在线教学的若干问题进行了反思。

关键词：信息检索；在线教学；超星教学平台；QQ

2020年春季学期，按照教育部"停课不停教，停课不停学"的要求及我校相关教学安排，通过网络开展在线教学成为当时必须采用的教学方式。根据笔者所在学校教学管理部门的相关要求，教师可根据课程性质和实际条件选择学校推荐的4种方式之一进行在线教学。笔者经过探索试用、反复比较，选择了学校鼓励优先选用的方式，即"利用我校教师自建的在线开放课程资源、微课程（群），包括已在公共教学平台上线的课程和在徐州工程学院网络教学平台建设成熟的课程，组织学生在线授课"。笔者承担"信息检索"课程的教学任务，在线教学的具体形式是以超星教学平台为课程体系及资源承载平台，以QQ为课堂活动推力，边建设边利用。

1　在超星教学平台建设课程资源

虽然"信息检索"的课堂从教室端转移到了"云端"，但课程资源的建设丝毫不能松懈，甚至需要更加重视和精耕细作。

1.1　课程门户

课程门户的作用及重要性毋庸多说。笔者在课程封面中嵌入了一个简短的动画，既能为课程增添吸引力，又贴合课程内容，体现了课程的"检索"特色（图1、图2）。

需要指出的是，超星教学平台目前还无法实现用户登入课程门户后就自动播放封面动画，需要用户手动点击播放按钮才可以启动动画，希望平台后期能进行优化。

作者简介：师忠凯，管理学硕士，讲师；研究方向为信息检索、社会信息化。

图 1　课程封面嵌入动画

图 2　课程封面体现"检索"特色

1.2　电子版教材

疫情导致学生不能及时拿到印刷版教材,所以对电子版教材的需求比较迫切。本人在网课开始前联系了相应出版社,出版社告知仅能提供教材前 3 章内容的在线链接,只能在线阅读、不提供下载。不得已,笔者另辟蹊径,在商用电子图书数据库中找到了完整的电子版教材,并上传至超星教学平台及 QQ 群(图 3、图 4)。

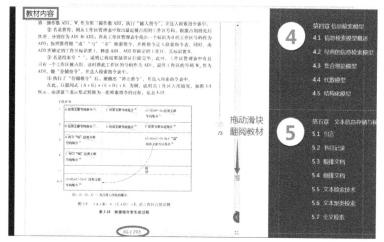

图 3　电子版教材正文页

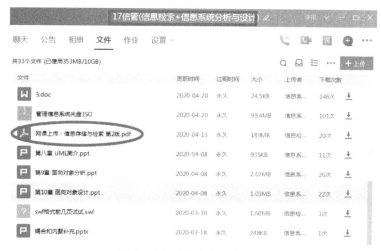

图 4　QQ 群共享电子版教材

1.3　教学视频

视频资源是在线教学中最有分量、最能吸引学生的一类资源。"信息检索"课程的视频资源相对比较丰富（图 5）。

课程章节	文件类型	修改时间	大小	备注
1.1 信息检索基本理论	文档	2020-04-13	156.77KB	
	视频	2020-04-13	30.39MB	
	视频	2020-04-13	11.59MB	
1.2 信息检索系统	文档	2020-02-21	239.97KB	
1.3 信息检索研究	文档	2020-04-13	96.85KB	
	视频	2020-04-13	34.27MB	
2.1 扫描仪技术	文档	2020-02-28	255.82KB	
	文档	2020-02-28	13.50KB	
	视频	2020-02-28	12.75MB	
2.2 数字照相与摄录技术	文档	2020-02-28	1.10MB	
	视频	2020-02-28	34.96MB	
2.3 条形码技术	文档	2020-02-28	130.96KB	
	视频	2020-02-28	38.11MB	
	视频	2020-02-28	67.62MB	
2.4 触摸屏技术	文档	2020-02-28	152.85KB	
2.5 手写输入技术	文档	2020-02-28	88.27KB	
2.6 语音获取技术	文档	2020-02-28	363.21KB	
	视频	2020-02-28	6.43MB	
3.1 存储技术概述	文档	2020-03-02	51.67KB	
	视频	2020-03-02	19.77MB	

图 5　"信息检索"课程的教学资源

当前，"信息检索"课程的教学视频主要有以下两类：

① 笔者对课程课件（PPT）进行录制及后期处理的教学视频（图 6）。笔者主要使用了两种录制工具，即 oCam 和 camtasia studio，关于这两种录制工具的使用方法，在此不作赘述。从中获得的经验教训主要有：尽量保证硬件设备的质量；录制旁白时一定要戴上耳麦，避免周边环境的干扰；录制教学视频持续时间不宜过长，否则学生观看时会有疲劳、乏味、畏难等各种感受或情绪，最好按微课的要求，对不同核心主题进行分段录制。

② 名校同教学内容的视频片段。它的主要来源有中国大学 MOOC、爱课程、"学习强国"中的"慕课"栏目等，例如，武汉大学信息管理学院黄如花、陆伟教授主讲的"信息检索"是国家精品课程，已在中国大学 MOOC 开设多年。笔者将这些优质教学资源分享给学生，供学生观看、学习（图 7）。

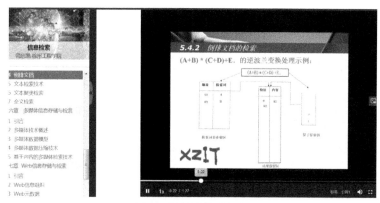

图 6　录制的教学视频

图 7　武汉大学陆伟教授讲课视频

2　师生的在线互动

"信息检索"课程采用的师生互动方式主要包括在线测试、主题讨论、QQ群答疑与平台答疑。

2.1　在线测试

对学生来说，在线测试有助于自我检测学习效果，进一步明确学习的重点、难点，激发学习动力；对教师来说，在线测试有助于了解学生学习中的薄弱点，发现学生思维中的闪光点，对自身教学进行反思，以便有针对性地调整教学方案。测试题目、测试过程依托超星教学平台进行，测试结果的评价、分析在QQ群进行，并随机抽选或指定学生对测试结果发表看法（图8）。

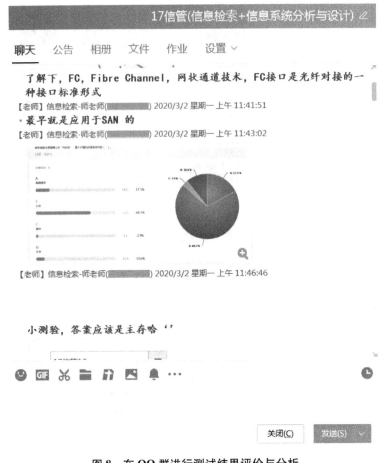

图 8 在 QQ 群进行测试结果评价与分析

2.2 主题讨论及答疑

在超星教学平台的讨论板块设立议题，要求每位同学发表意见；在 QQ 群定时（周三下午）或不定时答复学生疑问。对于个性化较强的问题，单独小窗口答复；对于比较典型的、共性较强的疑难问题，将其放在平台统一回复（图 9）。

图9　主题讨论

3　在线学习效果及在线教学反思

3.1　在线学习效果

在线教学过程中，最容易令人质疑的是"学生有没有在学？学得好不好？"也就是如何监控学生的学习情况问题。目前，在"信息检索"课程中笔者的做法主要是提前在平台设置各分项成绩权重，包括签到（平台电脑端签到或移动端"学习通"APP签到）、任务点完成率、师生互动频率、在线测试成绩等所占的比重，平台会自动生成相应的分数（考虑平台负荷问题，设置了统计数据延迟）。在评价时，应尽可能多维度地对学生的学习进行评价。

3.2　在线教学反思

① 对于某一学生来说，一学期需要学习五六门课程甚至更多，而这五六门课程的教师所采用的在线教学方式不可能完全一致，因此学生所用到的设备和APP较多，同时还需要比较好的网络条件。这对学生无疑是一种负担，对眼睛、身体也是一种考验。所以，完全依赖在线教学只能是特殊时期的权宜之计，它不能完全取代传统的课堂面对面教学，而只是一种补充或辅助的教学方式。

② 虽然各类平台或APP可以通过一系列所谓的"监控"措施来保障学生的学习效果，但它的实际效果却不尽如人意，还有许多地方需要不断改进和完善。

参考文献

[1]　李玉梅,王楚盈,张丞杰,等 . 基于 QQ 课堂和超星泛雅平台的在线课程建设与实施
　　　[J].高教学刊,2020(8):101-104.

[2]　刘攀,赵晓艳,张虎,等 . 基于学习通与 QQ 群相结合的电机学课程教学探索与研究
　　　[J]. 农业技术与装备,2020(4):112-114.

[3]　奚文娜,刘姣 . 基于超星学习通平台和腾讯 QQ 群的纯线上教学模式探索——以《工程
　　　图学 Ⅱ》课程为例[J].中国电力教育,2020(7):76-77.

高校管理类课程在线教学实践研究

——以 ERP 课程为例

朱鹏羽

摘　要：在线教学与传统教学在教学内容设计、教学互动等方面都存在着巨大差异。2020 年的新冠肺炎疫情使得在线教学成为众多高校的主流教学方式，为了获得更好的教学效果，要对教学活动、教学环境、学习和评价方式进行重构，突出学生的主体地位。本文以 ERP 课程为例，分析教学现状，探讨如何有效运用课程平台和直播软件进行在线教学，并结合课程特点和学生需要，重新设计了完整的教学过程，为进一步提升教学质量和教学效果提供借鉴。

关键词：在线教学；教学模式；ERP

1　背　景

在线教学是利用计算机和网络技术，依托专业的课程教学平台或在线直播软件等进行实时的互动教学，它是一种新的教学模式，不受时空限制，是传统课堂教学模式的有效补充。在线教学时，师生存在时空距离，学生的学习秩序和状态难以把握，加之受平台技术和网络传输稳定性的限制，在线教学一直难以完全替代线下教学。2020 年初，为了响应教育部"停课不停教、停课不停学"的号召，各高校积极开展线上教学活动，在线教学由原来传统教学模式的补充变成了高校的主要教学方式。对教师来说，如何设计更适合在线教学的课程内容，如何进行教学互动，如何把控学生的学习状态，如何测评学生的学习效果等都是很大的考验。

2　高校管理类课程在线教学的必然性

高校的管理类课程通常是与社会紧密联系的人文类课程，具有很强的实践性特点。传统的线下教学模式与这个特点不相适应，因为这种教学模式往往注重知识的传授而忽视能力的培养，学生被动接受知识，不能进行有效转化，实践和动手能力较差，这种教学模式削弱了学生的竞争能力和社会适应能力。随着信息和互联网技术的发展，丰富有趣且形式多样的网络信息资源充斥学生周围，"教师讲，学生听"的传统教学模式很难吸引学生的注意，慕课、微课等

作者简介：朱鹏羽，硕士研究生，徐州工程学院管理工程学院讲师，研究方向为信息管理。

在线学习平台也使得学生的学习方式越来越灵活和个性化。因此，高校管理类课程也顺应时代潮流，多采用线上线下教学相结合的混合式教学模式，以避免传统教学模式的弊端。它不同于传统课堂的教学流程，而是让学生主动学习、亲自实践，从而获得更好的学习效果，也更注重培养学生的综合能力；学习过程中强调学生的主体地位，从而激发学生的学习热情，提升学习兴趣；信息技术有助于高校实现管理类课程内容的在线分享，推动学生在线自主学习。

3 ERP 课程的教学特点

ERP（Enterprise Resource Planning，企业资源计划）是指基于供应链这一管理思想，在利用信息技术的基础上，对企业所有资源进行计划和控制，为企业提供决策支持和管理平台的一种全新的现代化企业管理模式。随着 ERP 软件在各类企业中的广泛应用，学生掌握 ERP 的基本原理和内容能帮助学生熟悉企业各部门的运作过程和所有业务流程，学生熟练使用 ERP 软件能增强其职业竞争能力，所以许多高校管理类专业陆续将 ERP 课程作为一门必修课程列入教学计划。

ERP 系统包含整个企业的业务流程，其软件功能复杂，课堂教学中侧重ERP 原理和完整供应链模块的教学，教学内容多元化，实践性很强，但传统线下教学中存在重理论、轻实践的现象。ERP 课程一般由理论课和实验课组成，其中实验部分的课时较少。实验课程教学多采用主流的 ERP 系统，教师演示软件操作流程，学生跟随演练，部分高校采用 ERP 沙盘模拟的方式引导学生学习。实践中显示，学生对企业的运作流程不甚了解，ERP 软件操作也只是"照猫画虎"，并不能真正地理解 ERP 运作原理，同时也不能很好地体会ERP 给企业带来的益处。这说明以上教学方式的教学效果并不明显。

4 ERP 课程在线教学实践

4.1 教学平台和直播软件的选择

近年来，笔者所在学校与超星合作，建设了自己的网络教学平台，ERP课程也依托学校的网络课程平台实现了线上线下混合式教学。2020 年初，受疫情影响，学生无法到校上课，教师只能选择在线教学模式讲授课程。与传统的线下教学相比，两者在教学内容设计、教学过程互动、教学效果评测、学生学业评价等方面都存在着巨大差异。教学平台和直播工具会直接影响教学效果，因此，教师需要根据课程特点选择合适的教学平台和直播工具，快速熟悉软件操作，合理筛选和编辑线上教学内容，丰富课堂互动交流形式，同步构建在线习题库，重构学业评价要素，实现"以学生为中心"的在线教学模式。

在考虑平台稳定性、流畅性的基础上，从课程特色及学生需求出发，最终选择腾讯课堂、本校网络课程平台、QQ 群等多种方式联合共同开展 ERP 课程的网络直播教学。腾讯课堂功能全面、稳定性好，具有屏幕分享、回放及连麦发言的功能。本校网络课程平台的教学资源丰富，教师还可以自行上传教学PPT、教学视频、课程相关资料、实验任务等内容，学生可以预习、提问、交流并完成课后习题。QQ 群作为一种补充方式，也有文件分享和提问交流的功能。但教师主要还是利用腾讯课堂和网络课程平台实现与学生的实时交流，尽可能还原课堂，以便取得较好的教学效果。

4.2 教学内容整体设计

教材是课程内容的载体，为了保证在线教学课程知识体系的完整性和科学性，笔者对现有 ERP 教材的内容进行了梳理整合，将课程内容分为 ERP 概述、基础数据、销售管理、采购管理、库存管理、主生产计划、物料需求计划、能力需求计划、车间管理和财务管理、ERP 实施 10 个专题。

为了提升学生的学习热情，使学生能通过提前预习、讨论交流、团队合作相结合的方式进行主动学习，在 ERP 课程的教学过程中，教师要充分完善和利用网络课程平台中的教学资源，课前及时将课堂教学 PPT、教学视频、课程相关资料、实验任务等内容发布至课程平台，也可筛选和推荐部分网络学习资源；学生可以通过平台学习并提出问题，与教师交流学习情况，教师及时进行反馈；学生在课后可以将作业、课堂演讲资料、学习总结上传至教学平台，以供教师查阅。

4.3 具体教学实践

（1）课前

在学习每个专题之前，教师首先要明确学生的学习任务并制定教学目标。以"销售管理"专题为例，学生可以根据教师设定的工作场景，掌握企业在日常业务中如何通过 ERP 软件处理普通销售业务及相关理论知识。

教师提前准备好教案、课件和教学视频并上传至课程平台及 QQ 群。本专题课件和教学视频的内容主要包括：销售管理涵盖的业务，销售管理的作用，销售管理的业务流程，销售管理与其他系统之间的关系，销售管理模块的主要功能，如何进行普通销售业务处理，如何进行现结业务处理，如何进行销售退货业务处理。由于教学视频时长较短，所以应做到视频内容重点突出，主题鲜明，语言简洁，具有吸引力。

课前要督促学生自主学习，学生提前观看"销售管理"专题的课件、教学视频，有疑问或不懂的地方可以通过课程平台、QQ 群与教师、同学讨论交流；教师要做到心中有数，了解学生在学习过程中的薄弱环节，及时调整上课内容和教学活动设计，并进行有针对性的讲解。在这种情况下，学生能够自由安排自己的学习时间和节奏，反复观看学习内容，有效培养和提升自主学习能力。

（2）课中

教师采用研讨式、体验式等教学形式设计在线课程的教学活动，通过直播软件的连麦功能或 QQ 群开展师生实时互动，解决学生学习过程中的问题和疑惑，对课程的重点、难点加以详解，开展多样化、多维度考核。在线教学过程中，应进行有效的教学互动，使学生能选择合适的方式进行讨论交流；将课堂时间用于师生、生生之间的沟通、讨论和评价，能有效增强在线教学效率。因此，笔者将整个课堂的互动环节分为以下几个阶段。

第一阶段，播放课前录制好的微视频，借助于销售业务流程图使学生基本掌握 ERP 软件销售管理模块的业务流程，微视频的时长应控制在 10 分钟之内。观看结束后，教师可以结合学生课前自主学习中提出的问题，对"销售管理"专题的部分重点、难点进行讲解，有些专题也可以选择让学生进行内容讲解，由教师进行补充。

第二阶段，学生结合课前准备和教师讲解，绘制销售管理模块的业务处理流程图，标注出各个工作岗位需要完成的具体工作任务，结合教师给出的模拟场景——某公司销售业务案例，分组讨论，集思广益，讨论如何解决某些实际问题。

第三阶段，学生使用 ERP 软件完成销售管理模块的实验。本文以 SAPGBI 软件为例，具体流程如下：运行 SAP 销售管理（Sales and Distribution）模块，创建新客户和联系人，创建客户询价单；根据客户请求生成报价单；参考报价单生成销售订单，并检查库存状态；开始交付流程并创建交付凭证，检查库存状态；按交货单拣货，发货过账，检查库存状态；为客户创建发票；查看账单凭证和客户发票；客户付款收据过账；审查文档流。在这个过程中，每位学生独立完成销售业务的完整流程，这能使他们更好地理解企业销售业务运作全过程和各岗位的职责。当然，也可分组进行实验操作，各小组成员分别扮演普通销售业务操作所涉及的各个岗位，如销售代表、销售主管、仓库主管、财务主管等。

最后阶段，提问环节。学生可以利用 QQ 群向教师汇报销售业务流程实验的完成情况，询问实验过程中出现的问题、理论知识学习中的疑惑之处，教师与学生一起解决教学实践中的难题。

（3）课后

课后主要是学生自行复习和总结，对课堂讨论中的观点进一步汇总，对实验操作过程进行反思并撰写实验报告。教师要综合平台反馈的学生学习行为数据、在线的提问答疑情况，并根据学生的出勤状况、PPT 制作情况、团队协作情况、讨论发言次数、实验过程、报告撰写情况等过程性因素进行评价。教师在每次课程结束后应及时进行教学反思，为再次授课总结经验，改进教学方式和方法，与个别未完成学习任务的学生进行沟通并给予辅导。

5 结 语

近年来，我国各类院校教职人员越来越多地使用在线教学模式完成授课过程，在线教学的一些弊端也凸显出来。因此，各高校需要进一步优化在线课程资源，提升课程平台的系统性能，并持续对在线教学进行监控，保障教学质量；同时，提升教师的在线教学能力，继续加大对教师的培训力度，即信息技术、相关系统和软件操作方面的培训，使教师能更好地将其应用于教学，努力实现课堂教学方式的变革与创新；树立"以学生为中心"的教学理念，增强学生自主学习的积极性，提升在线学习效果。

参考文献

[1] 胡小平,谢作栩.疫情下高校在线教学的优势与挑战探析[J].中国高教研究,2020(4)：18-22.

[2] 师湘瑜.疫情下经济法课程在线教学的若干思考[J].山西财经大学学报,2020,42(S1)：106-107.

[3] 肖宇,吴访升,蒋小明.有效在线教学的策略设计与实践探索[J].江苏教育,2020(28)：12-18.

[4] 冯增喜,于军琪,韦娜,等.新冠病毒疫情期间网络在线教学实践与思考[J].教育教学论坛,2020,4(17)：338-340.

[5] 牛牧华.课堂教学与在线学习融合研究[J].教育教学论坛,2020,1(5)：285-286.

教育信息化背景下的在线教学实践探索

——以"数据统计分析软件"为例

刘一男

摘　要：在教育部提出《教育信息化2.0行动计划》的背景下，本文以"数据统计分析软件"为例，从教学准备、教学过程设计与开展、课堂控制等方面探讨在线教学的实践，总结显现的问题并给出解决建议，以期对今后的在线教学有一定借鉴意义。

关键词：教育信息化；在线教学

1　引　言

随着近年来网络信息技术的不断发展，人们的学习、工作、日常生活都开始进入信息时代并在不同程度上受到影响。为深入贯彻落实党的十九大精神，加快教育现代化和教育强国建设，推进新时代教育信息化发展，培育创新驱动发展新引擎，教育部制定了《教育信息化2.0行动计划》，旨在通过信息技术的应用丰富教学手段，实现教学内容的快速复制与传播，突破教学的时空限制，实现促进教育公平、提高教学质量的目标。在线教学因其具有跨越时空和人力物力限制的资源利用最大化、随时随地进行选择的学习行为自主化、教学形式的交互化、教学内容的个性化，教学管理的自动化等诸多优势与特点，在《教育信息化2.0行动计划》中扮演了重要角色。本文以"数据统计分析软件"为例，结合2020年上半年的特殊情势，实施了为期一学期的在线教学实践，并分析与总结了在线教学实践过程，为后期有效开展在线教学提供参考。

2　在线教学准备工作

为了使"数据统计分析软件"课程的线上教学效果达到理想的水平，笔者主动接受挑战，更新传统教育教学理念，改变教学方式和教学策略，从接到2020春季学期延期开学的通知起，就开始投入大量的时间和精力进行在线教学的准备工作。

首先，与传统课堂教学相比，在线教学过程中学生与教师无法实现面对面

作者简介：刘一男，硕士，徐州工程学院管理工程学院讲师，研究方向为信息系统开发、商务智能与数据挖掘。

的交流，所以在线授课效果是课程准备时首要考虑的因素。"数据统计分析软件"课程主要讲授 SPSS 软件的使用，通过前期调研，笔者认为"中国大学 MOOC 视频+直播授课"是比较合适的教学形式。我校已与超星学习通建立了合作关系，并已搭建起网络教学平台。本课程选用超星学习通建立课程，实施中国大学 MOOC 视频播放、课上讨论、测验等教学环节。直播授课渠道选择的是腾讯新推出的 QQ 群课堂，教师与学生对其都非常熟悉，新功能使用起来较为方便，而且其功能能够满足授课的基本需要，减少了不必要的试验成本。

其次，要保证学生能够有条件参与在线教学的过程。受地理条件与家庭条件等因素的影响，部分学生存在电脑、手机终端老旧，没有可联网的终端，网络信号不佳等硬件方面的问题，以及家庭环境不适于进行在线学习等情况。为保障这些学生的权益，教师在课程前有必要进行一次在线教学基本条件的调查，了解学生现实情况，在教学安排上做到统筹兼顾、因地制宜、因材施教。

最后，由于网络教学的不确定性，在正式开课前，有必要进行一次平台测试，目的是熟悉教学直播工具，为实际在线授课做好准备，以及通过测试对教学过程的细节问题进行改进。

3 在线教学实践过程

"数据统计分析软件"是信息管理与信息系统专业的选修课程，同时也是专业课程中较为重要的软件类课程之一，它涵盖了统计学、数据库技术和计算机技术等方面的内容。这门课程的教学目标是，使学生理解数据统计分析方法的基本原理；掌握利用专业软件进行数据统计分析的方法和步骤；培养学生应用计算机进行数据统计分析的能力，为解决实际问题，也为后续专业课的学习打下良好的基础。因其课程内容以统计分析软件操作为主，统计学理论为辅，故在教学设计方面更加侧重动手操作能力与解决实际问题能力的培养。在教学过程中，本课程采取"上课签到——直播简介课程内容——中国大学 MOOC 视频播放——直播讲解实例——讨论、提问、测验、作业布置——下课签到"的流程，通过中国大学 MOOC 视频的方式让学生学习理论知识与软件操作的基本流程，通过 QQ 群课堂进行直播讲解，直播主要是对一些实际的案例进行操作演示，同时穿插课堂管理及师生交互环节，以保证学生的出勤率和对课程内容的注意力。在中国大学 MOOC 视频的选择上，笔者参考了国内大多数的网络课程资源，最终确定以在超星网络课程平台上传教学视频供学生观看的方式进行。这样既可以保证学生在上课时间能够进行课程内容的学习，又可以确保一些受客观条件限制的学生在"离线"时能够有机会"回看"课程内容，也有利于学生进行自主复习。在课程的直播环节，一方面对本次课的主要内容做简单介绍，另一方面通过对现实中的一些实际数据案例进行操作，向学生演示如何将中国大学 MOOC 视频中讲授的内容运用到实际的分析操作过程中，如图1所示。这样既能使学生回顾在中国大学MOOC视频中学习的内容，加深知识的印象，又能引导学生思考如何在实际案例中有效地应用理论知识，以达到理论联系实际的效果。在课堂管理、师生交互方面，超星学习通、QQ群课堂的相关功能也保证了在线教学的顺利进行，如图2所示。超星学习通、QQ群课堂都有"签到"功能，具体可以通过扫码、手势等多种方式来实现，超星学习通的讨论与测验功能能够让教师即时验证在线授课的效果，并根据反馈结果迅速采取有效措施以保障学生学习效果。超星学习通的作业功能也能帮助教师完成布置作业，巩固学生学习效果。

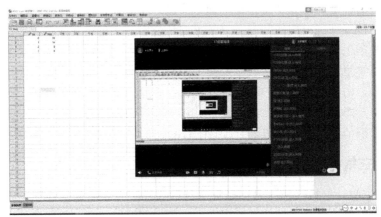

图1　直播演示过程

图2　签到与测验环节

4 在线教学实践总结

随着信息技术的不断发展，目前有很多信息技术工具来辅助在线教学的开展，但通过一个学期的在线课程实践发现，诸如"数据统计分析软件"这类侧重操作的软件课程，其在线授课仍存在着一些弊端。例如，部分学生的学习主动性较差，尽管按时参加网课、完成作业，但是只是应付、流于形式，没有真正将其放在心上，这就需要更加完善的监督机制以督促学生课后的学习。再如，本次在线教学实践因特殊形势触发，参与的学生没有充分的时间准备。调查发现部分学生只携带了手机，而没有带电脑回家，有的学生居住在偏远地区，网络环境较差，导致这些学生无法正常听课，所以返校后，授课教师还应把相应的授课内容再重复，让学生真正掌握。另外，与传统的课堂教学相比，教师在线教学工作量加大，除了要进行正常备课外，还要利用时间去学习如何使用在线教学系统，因此在以后的正常教学情况下，教师也应对在线教学有所了解，掌握相关的在线教学工具，以备不时之需。

"停课不停学"是在突发事件导致学校无法正常开学的大背景下，教育行政部门做出的一种非常态势下的非常举措。对每位教师而言，这既是难得的机遇，也是全新的挑战。在线教学模式打破了传统课堂"教师讲，学生听"的状况，它要求教师不断提升信息化教学能力，具有更扎实的专业功底、更强的课堂掌控能力。教师除了要对教学设计和教学组织进行重构外，还需认真准备课堂教学、设计课堂讲解思路、设计问题、掌控好课堂，应对各种可能发生的情况，充分挖掘课程思政元素和德育要素，将其融入课程教学并指导学生提高科学防控能力。学校、教师、学生均需要转变观念，主动适应教学模式的变革，理解、接受并积极响应由传统的课堂教学向"互联网+"在线教学的转变，由"以教师为中心"向"以学生为中心"的转变，由"以教为中心"向"以学为中心"的转变。学校要加强网络课程平台的部署和构建，教师要加强在线教学模式的探索，要重构教学组织，多渠道收集教学资源，利用教学平台开展好在线教学。教师要转换角色，真正做到以学生为中心，最大限度地对学生的学习过程给予支持和指导，并做好线上与线下的有效衔接，提高学习效果和人才培养质量。另外，在线教学模式下，课程准备周期长，教师工作量显著增加，因此，学校要出台更多的激励政策，如提高工作量计算系数，提供更多的教学支持，适当减少集中上课时间等。

教育信息化是互联网时代的大势所趋，新技术、新教学模式为未来的教学创新和改革提供了无限的可能。作为一线教职工，应当跟随时代的步伐积极地向前迈进，充分利用一切可利用的教育资源，吸纳过往经验，在实践中摸索出合适的教学办法，因地制宜、因时制宜、因人制宜，以更优质的教学方式与方法教授学子，推进在线教育的长足发展。

参考文献

［1］ 教育部.教育部关于印发《教育信息化 2.0 行动计划》的通知［EB/OL］.(2018-04-18)
［2020-06-20］.http://www.moe.gov.cn/srcsite/A16/s3342/201804/t20180425_334188.
html.

［2］ 孙晓玮.新冠疫情防控视域下在线教学的研究与探索——以《数字媒体设计与制作》
为例［J］.高教学刊,2020(30):16-18,22.

［3］ 张维瑞,赖建强,刘盛荣.疫情背景下的"SPOC+腾讯课堂"在线教学模式［J］.宁德师范
学院学报(自然科学版),2020,32(1):80-85.

［4］ 敬超.疫情下 ACM 程序设计实践课程线上教学探索［J］.电脑知识与技术,2020,16
(24):157-158.

"房地产金融"课程混合式教学设计与教学模式探讨

赵 然

摘 要：随着现代科学信息与网络技术的不断发展，线上教学与线下教学相结合的混合式教学越来越受到广大师生的重视。本文从"课前—课中—课后"三位一体的教学环节设计出发，围绕线上教学与线下教学的有机结合、教学重难点与线上资源的有机融合及成绩评定工作的完善等构建了"房地产金融"课程的混合式教学模式。

关键词：混合式教学；线上教学；房地产金融

1 引 言

"房地产金融"课程是管理工程学院房地产开发与管理专业的必修核心课程，是研究房地产领域中金融问题的应用型学科。本课程基本任务是运用多种金融方式和金融工具筹集和融通资金，支持房地产开发、流通和消费的多个环节，保证房地产业运行过程中的资金良性循环。随着经济水平的提高和投资渠道的多元化，房地产及其相关投融资活动受到越来越多的关注。对房地产开发与管理专业的学生来说，如何从实践和市场角度了解我国新形势下的房地产金融业务与金融活动就显得尤为重要。"房地产金融"课程具有很强的综合性与交叉性，理论与实践联系紧密，知识体系中蕴含许多行业特性与社会现象，传统的以课堂讲授为主的教学模式已经不能满足该课程的教学目标，而以线上教学与线下教学相结合的混合式教学可以在很大程度上提高学生的学习效率，变被动学习为主动学习，使学生解决、分析实际问题的能力得到锻炼。2020年春季学期，为响应教育部"停课不停教、停课不停学"的教学要求以及徐州工程学院的相关规定，"房地产金融"课程混合式教学中的线上教学思想与方法也得到了更好的实践与应用。

对于学生来说，课前通过阅读学习资料可以明确每节课的学习重点与难点，使学习有的放矢，提高学习效率；课堂上通过情景教学、翻转课堂、案例分析、课堂讨论等内容，调动学生学习的主动性、积极性，锻炼学生的创新意识和团队合作能力；课后通过完成线上作业、根据发布的线上讨论内容搜集查

作者简介：赵然，硕士，徐州工程学院管理工程学院讲师，研究方向为房地产经济。

找资料等工作可以巩固学生的学习效果，提高学生的独立思考能力与应用能力。

对于教师来说，通过混合式教学体系的构建与线上教学资源的完善，可以使教师及时了解学生的学习情况与学习进度，有针对性地调整自己的教学思路与教学重难点。另外，还能够更好地优化课程考核的评分过程与考核结果，使平时成绩的评定更加系统、科学、有据可依。

2 混合式教学的教学环节设计

传统教学的优势在于课堂组织形式自由、体现教师情感、便于发挥，成本低、新理念容易实施等，而混合式教学为弥补知识输入输出的不对称性，重点在于加强线上学习与线下学习的融合，设计更多元的教学手段，如学生自主学习网络课程资源与线上课堂互动交流等，以实现突出重点、提高学生参与度的目的。教学设计可以按照"课前—课中—课后"三位一体的思路开展。

2.1 课前准备阶段

课前准备是指上课前教师为提高教学效率、保证教学顺利实施而进行的相关准备工作。课前，教师通过发放学习任务将教学计划、教学重难点、教学资源的特点及学习要求、课堂讨论内容等发给学生。学习任务的发布是引导学生开展在线自主学习的必要条件，学生通过浏览课前学习任务，在主观上对本课程的知识体系有初步了解，为课堂中学习、理解与巩固知识打下坚实的基础。

2.2 课堂教学阶段

课堂教学是指在对重点及难点内容进行讲解的基础上，充分发挥学生自主学习的作用，以学生为中心，开展分组讨论、展示交流、答疑解惑等翻转课堂活动，该部分工作内容通过线上教学平台进行安排与引导。教学中，尽量让每位学生都能提前自学、勇于思考，每位学生都有讲解或解答问题的机会，最后由教师对知识重点、讨论过程、扩展内容进行总结与引申。

2.3 课后复习与拓展阶段

课后主要依靠线上资源的建设与完善来巩固学生的学习效果、拓展学生的知识广度与深度。线上资源建设分为资料阅读部分与互动交流部分。资料阅读部分以知识点的横向与纵向总结、课外知识扩展、政策与规章制度索引、新闻报道专栏、视频资源等内容为主，它是按照课程知识点的脉络结构，对一些在课堂上无法完整展示或教学大纲补充的内容进行网络资源建设。互动交流部分以作业、随堂测验、线上讨论、案例分析的布置与安排为主。通过在教学平台上发布相关作业与测试，教师可了解学生对知识点的掌握理解状况，而学生也可通过平台上的作业练习加深巩固课堂所学内容，对薄弱环节有的放矢，更有利于发现问题并解决问题。

3 混合式教学模式构建

混合式教学改革的目的是提高学生的学习效率，变被动学习为主动学习，提高学生的应用能力与独立思考能力。为实现这一目标，本课程混合式教学模式的构建围绕线上教学与线下教学的有机结合、教学重难点与线上资源的有机融合、成绩评定工作的完善等方面展开。

3.1 线上教学与线下教学的有机结合

线上教学是线下课堂教学的重要补充，也是巩固学习效果的重要手段，所以每一步线上教学都应对应课堂知识点展开，并在课堂上开展必要的检测与交流工作。线上教学与线下教学组织整合形式如图 1 所示。

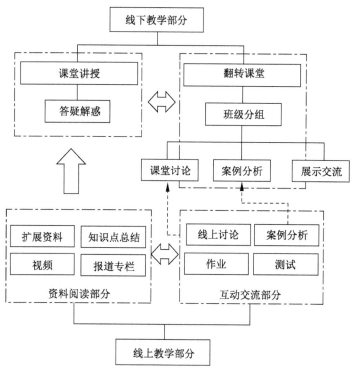

图 1 线上教学与线下教学组织整合形式

3.2 教学重难点与线上资源的有机融合

教学重点是指学生必须掌握的基础知识与基本技能，是基本概念、基本规律及由内容所反映的思想方法，也是学科教学的核心知识。教学难点是指学生不易理解的知识或不易掌握的技能技巧。在教学中突出重点与难点是使学生真正掌握专业知识、熟悉专业技能最基本、最核心的工作。针对"房地产金融"课程的特殊性与现实性，在教学过程中针对相关知识点设计了线上教学内容，并针对每个知识点的特点设计了交流互动环节。例如，针对能够体现社会热点问题的知识点，设计了案例分析环节；针对相近相似的概念，设计了课堂讨论或辩论环节。"房地产金融"课程各章节重难点内容、线上资源建设情况及学时分配情况如表1所示。

表1 课堂教学重难点与对应线上资源建设情况一览表

序号	教学单元	重难点内容	线上资源建设情况	学时分配
1	金融基础知识	① 贷款利率的特点 ② 专业金融知识理解	① 线上讨论："按月调整"与"按年调整" ② 资料扩展：名词解释 ③ 视频："金融是什么（上）" ④ 作业	2
2	房地产金融概述	中国房地产金融机构的类型与特点	① 分组讨论：中国房地产金融机构简介 ② 视频："金融是什么（下）" ③ 作业	4
3	中国房地产金融发展状况	① 中国房地产金融市场的发展过程 ② 中国房地产金融的特色	① 资料扩展：国际房地产金融发展历史 ② 资料扩展：2017年我国房地产金融政策回顾 ③ 资料扩展：2018年我国房地产金融政策回顾 ④ 资料扩展：中德住房储蓄银行 ⑤ 视频：我国金融发展历史 ⑥ 作业	1
4	房地产开发贷款	① 房地产开发贷款的过程 ② 房地产开发贷款的贷前评估	① 知识点总结：企业融资概述 ② 政策扩展：房地产开发企业的资质说明 ③ 政策总结：房地产开发贷款相关规章制度 ④ 资料扩展：骆驼评级制度 ⑤ 线上讨论：项目评估过程中财务评价指标的计算 ⑥ 作业	3
5	房地产开发企业的市场融资	① 中国房地产企业上市融资的现状与政策制度 ② 房地产债券融资的类型体系	① 资料扩展：A股、B股、H股、N股 ② 资料扩展：房地产企业IPO流程 ③ 资料扩展：相关报道 ④ 资料扩展：项目融资背景知识 ⑤ 线上讨论：2018年房地产企业债券市场融资情况 ⑥ 作业	3

序号	教学单元	重难点内容	线上资源建设情况	学时分配
6	房地产信托与房地产投资信托基金	① 房地产信托与房地产投资信托基金的区别 ② 中国房地产投资基金的发展现状	① 知识点总结：房地产投资信托基金组织架构 ② 资料扩展：我国 REITs 现状 ③ 资料扩展：2018 年中国 REITs 研究报告 ④ 作业	2
7	个人住房贷款	① 个人住房贷款的偿还：等额本金与等额本息 ② 对提前还贷问题的理解 ③ 住房抵押贷款证券化的本质	① 新闻报道专栏：2018 年六大银行新增按揭贷款情况 ② 新闻报道专栏：假按揭风险有多大？ ③ 新闻报道专栏：圆桌讨论——中国住房抵押贷款证券化 ④ 资料扩展：中国建设银行贷款业务介绍 ⑤ 资料扩展：近 30 年人民币贷款利息一览表（贷款基准利率） ⑥ 视频：10 分钟看懂次贷危机 ⑦ 线上讨论：等额本金与等额本息还款方式的计算与讨论 ⑧ 作业	4
8	住房金融体系与住房公积金	① 我国住房金融体系的特点 ② 我国住房公积金制度的发展过程与特点	① 知识点总结：各国住房金融市场结构体系 ② 政策总结：住房公积金管理条例 ③ 资料扩展：国管住房公积金管理中心职能与市级住房公积金管理中心职能 ④ 新闻报道专栏：新加坡住房制度启示录——新加坡如何实现"居者有其屋" ⑤ 案例分析 ⑥ 作业	2

3.3 成绩评定工作的完善

成绩评定对于实践教学是非常重要的，它一方面影响学生学习的积极性，另一方面可以作为教学效果的反馈，调整混合式教学的发展方向。混合式教学的组织形式多元化，不能生搬硬套传统的试卷考核方式。在制定混合式教学考核方式时，应依据过程与结果并重的原则，结合线上教学与线下课堂教学的具体情况选取多种考核方式，综合考虑期末考试成绩、课堂表现及线上学习情况，并设定相应权重，最终汇总得到综合的学科成绩。

期末考试成绩、课堂表现及线上学习情况的权重分配按照 5∶1.8∶3.2 的比例设置，成绩评定权重分配情况如表 2 所示。期末成绩考核采用闭卷考试的形式，重点考查课程的重难点，试题题型包括主观题与客观题；课堂表现根据出勤率、课堂提问回答情况及课堂讨论表现等来综合评定；线上学习情况根据课程教学平台登录情况、线上资料阅读完成情况、讨论参与程度、作业完成质量及测试结果等来综合评定。线上平台的优势在于成绩的评定可由系统自动生成，评价结果更加客观与科学。

表 2　混合式教学模式成绩评定权重分配表

期末考试成绩	课堂表现 18%		线上学习情况 32%			
	出勤率	课堂互动	课程测验	课后作业	线上资源访问量	线上讨论
50%	10%	8%	5%	15%	7%	5%

4　结　语

混合式教学模式的重点在于充分发挥线上教学和线下教学的优势，将线下教学与线上教学进行深度融合。在开展混合式教学时，只进行线上资源建设是远远不够的，线上资源建设只是对混合式教学起到补充和辅助的作用，要想使学生从被动学习转变为主动学习，还应借助线上平台的各种功能，在课前、课中、课后充分与学生进行各种交流与互动。传统课堂"填鸭式"的教学方式使学生参与课堂的时间较少，造成学生的学习积极性不高，学习效果存在较大差异等问题。混合式教学可以为学生提供自由的学习时间，学生可根据自身情况选择不同的时间、地点进行学习，与教师进行交流。这种互动交流使线上资源与课堂知识深度融合，能够从根本上改变学生的学习行为，提升学习效果。

参考文献

[1] 董藩,赵安平. 房地产金融[M]. 北京:清华大学出版社,2019.
[2] 赵文杰,冯侨华,苑会娟. 基于"互联网+"混合式教学方法的研究与探讨[J].黑龙江教育(高教研究与评估),2018(10):4-6.

对在线教学的思考与探索

宋慧宁

摘　要：网络与人工智能正在改变世界，也在深刻地改造着教育。在线教学成为一种新的教学方式，影响着学校教育的方方面面，以在线教学为视角，探讨信息化对学校教育的现代化改造，有助于实质性地研究网络技术对教育产生的深层影响；在线教学推动教师、学生和学校角色的不断改变，教师正由讲授者转变为学习辅导员，学生由被动的接受者转变为主动的学习者，学校转变为学习辅导站。本文总结了网络学习面临的问题与挑战，通过分析，在教师课前教学准备、在线平台备选方案、课堂思政和课程互动 4 个方面提出了建议，保证在线教学的进度和教学效果。

关键词：在线教学；网络教学

近年来，中国大学 MOOC、SPOC、翻转课堂、微课等新兴信息化教学载体和优秀教学资源大量涌现，然而在 2020 年初一场公共卫生危机到来之前，这些新兴教学方式对学校教育的改变并不多。面对这场公共卫生危机，所有学校都不得不"关门"，在线教学成为唯一可行的教学方式。如此大规模的在线教学实践，在人类历史上尚属首次，必将为学校教育带来深刻的变革。本文是根据公共卫生危机期间笔者的实践对在线教学进行的观察与思考。

1　在线教学面临的挑战

1.1　准备不充分

随着互联网技术的发展，微课、中国大学 MOOC 等在线学习方式逐渐兴起，但在线教学在高校教学中的应用相当有限。在突如其来的公共卫生危机影响下，传统的教学活动无法正常开展，在线教学作为替代方案迅速崛起。然而，由于大多数教师无线上教学经验或者未参加过相关的线上教学培训，短时间内会产生不适应的感觉。同时，由于突然切换至线上教学，导致传统教学时起辅助作用的实物、模型等无法直接应用于线上教学，影响了教学效果。

1.2　在线教学卡顿问题

教育部发布的《2018 年全国教育事业发展统计公报》表明，我国共有不同年级、不同教育类型的在校生 2.76 亿人，共有 51.88 万所学校。疫情期间，

作者简介：宋慧宁，徐州工程学院管理工程学院实验师，研究方向为教育信息化、大数据管理。

数量如此庞大的学生群体均需在家开展线上学习，对线上教学平台提出了较高要求。据统计，2020 年 2 月 17 日部分省市中小学开始网上授课时，教学平台的瞬间使用人数超过千万，雨课堂、腾讯课堂、中国大学 MOOC、学习通等网课系统，以及钉钉、企业微信等在线办公平台都出现了不同程度的卡顿甚至崩溃现象，严重影响了线上教学的顺利进行。随着各级各类学校陆续开始网上授课，线上学习平台会面临更加严峻的考验。

1.3　教师和学生易产生焦虑心理

特殊形势下，电视、互联网是人们了解外界信息的主要途径，大多数大学生也获取了许多与疫情相关的信息。随着确诊、死亡病例的增加，大多数人都会产生恐慌、焦虑的情绪。出现这些应激情绪是人们面对疫情的正常心理反应，但这些应激情绪容易影响教学工作，使人难以正常工作和学习。值得注意的是，疫情给大四毕业生造成了很大的压力，毕业论文或设计、找工作的双重压力更容易使他们产生应激情绪。

1.4　学生注意力不集中、学习积极性差

传统的课堂教学过程中，教师能根据与学生的互动、表情、肢体语言等方式判断学生的接受程度。但线上教学中，教师与学生之间隔着屏幕，学生是否在认真听课，是不是在做与学习无关的事情，教师无法及时得到反馈。线上教学更强调学生的自主学习，利用教师准备的教学资源与学案进行学习，教师主要进行远程辅导。这种学习方式降低了互动感，学习氛围差，对学生的自制力有很高的要求。

2　在线教学建议

2.1　充分准备，积极落实"停课不停学"的要求

教育部下发"延期开学"通知及"停课不停学"的要求后，多数学校都开展了线上教学平台的培训活动，制定了确保疫情期间教学进度和教学质量的多种方案。作为教师，应积极参加线上教学平台的培训学习，并能够熟练使用教学平台开展教学活动；提前录制视频，最大限度地降低线上教学实物、模型无法带入课堂造成的影响，做好传统课堂到线上课堂的迁移与融合。

2.2　提出备选方案，保证教学按时进行

针对线上教学平台高峰期使用人数多、易卡顿的问题，应充分利用钉钉、腾讯会议、Zoom、Umeet 等社交平台，准备多种线上教学备选方案。提前建立课程 QQ 群、微信群，方便师生间的信息沟通及课后答疑。如果需要更换平台，应及时通知学生。在课程开始前录制课程视频，提前发送至教学平台，供网络卡顿严重或不具备网络条件的同学自学使用。录制视频时保证 PPT、音频同步，避免因两者的不同步给学生学习造成不便。

2.3 坚定必胜信心，开展课堂思政教育

在疫情背景下，教师应坚定信心，做一个正能量的传播者，密切关注学生的心理动向，引导学生保持乐观、积极的健康心态。对于面对双重压力的大四学生，教师应利用课前或课间时间，主动帮其解答毕业设计中遇到的难题，缓解毕业设计或毕业论文带给学生的压力；及时将学校及其他网站发布的招聘会信息推送给未签订工作的学生。教师应在课堂中融入思政教育，将与疫情有关的防控知识融入在线教学中，提高学生的自我防护意识。

2.4 丰富知识案例，增强课程互动

线上教学与线下教学最大的区别就是师生异地，临场感与交互效果差，造成学生课堂注意力不够集中。针对此问题，教师可在丰富知识案例和增强课程互动方面做出努力。结合专业实际及生活场景中的实例，尤其是与疫情防控相关的技术，设置案例或讨论题目既揭开病毒的神秘面纱，又能使学生认识到这门课程的重要性，激起学习兴趣。教师可提前设置一些预习作业、课堂提问等，保持与学生的语言互动。如果平台支持视频互动，师生尽量开启摄像头，保持临场感，提高在线教学质量。

3 结 语

网络在线教学的实践引发了笔者的一些思考。教师应注意教学素材的积累，积极开展线上、线下教学的融合，加强中国大学 MOOC、精品课、翻转课堂建设，提高教学效果。高校开展线上教学，教育者和受教育者在教学观念、教学习惯上需要一个长期的、渐进的转变与适应过程。学校层面要提升在线治理技术，特别要运用大数据、云计算等信息技术，利用人工智能的发展成就，加强学校的新基建，突出智慧校园建设在支撑学校未来发展中的重要作用，转换教育发展的动力结构，通过教育信息化、智能化带动和推进教育现代化的尽快实现。

参考文献

[1] 苗青.基于超星学习通的移动教学模式分析[J].无线互联科技,2017(20);88-89.

[2] 郭丰涛.移动教学 App 在高校课堂教学中的应用研究[J].科教文汇(下旬刊),2018(6);39-40.

[3] 庞维国.论学生的自主学习[J].华东师范大学学报(教育科学版),2001(2);78-83.

[4] 庞维国.从自主学习的心理机制看自主学习能力培养的着力点[J].全球教育展望,2002(5);26-31.

[5] 舒晋瑜,张颐武.努力超越网络教学的局限[N].中华读书报,2020-02-19(05).

对网络直播教学的思考

侯佩全

摘 要：通过网络直播教学辅助学生的在线学习将成为未来的发展趋势。作为管理学院的一线教师，笔者开始了网络直播教学的实践，利用电脑和手机，结合在线直播和线上 QQ 群开展授课，努力克服直播教学的种种不适应，积极探索有效的网络直播教学方式。

关键词：网络直播教学；积极性

虽然大部分高校都存在网上课程，但是实际的利用率和教学效果并不理想，学生参与积极性也不是很高。网络直播教学可能会成为未来最主要的教学模式。无论是教师还是学生，对于直播这种方式比较陌生，双方都需要及时地适应。笔者通过对经济学原理课程的线上直播教学，对这种新的教学模式有一些自己的体会和总结。

1 网络直播教学所面临的挑战

（1）网络直播课堂环境下，教师掌控学生学习的能力下降

网络直播教学环境下，教师通过学生的课前学习通签到、QQ 群互动来了解学生的上课情况。学习通的签到功能便于统计人数，但现实应用中会出现一些问题，如学生忘记签到，迟到超时无法签到等。网络直播教学环境下，教师对于上课时学生的学习状态很难了解。没有了现场的掌控，在面对电脑屏幕上课时，教师对于学生正在做的事情一无所知。尤其对于那些学习积极性不高的学生，这些在线的形式很容易被学生利用，只要课前在学习通签到，登录 QQ，在 QQ 群中发言，对于教师而言，他可能就是一个正常上课的学生，至于学生在上课时真正做什么，基本没有方法了解。

（2）网络直播教学环境下，缺少面对面的即时反馈，课堂交流不够流畅

在进行线上直播教学时，教师面对的是冷冰冰的电脑屏幕，不同于传统课堂上与学生的互动，例如与学生眼神的接触，学生理解之后的点头回应，肢体语言的反馈，声音的回响，现场的问答，等等，教师刚开始会不适应，需要一些时间调整；由于存在网络时延，课堂问答环节有接近十秒的延时，影响交流；学生在 QQ 群内讨论时，多人发言会出现"刷屏"现象，可能会扰乱讨论

作者简介：侯佩全，徐州工程学院管理工程学院讲师，研究方向为经济学和管理学战略管理。

思维，学生发言存在随意性，有时会出现跑题现象，这些都影响了教学质量。

（3）网络直播教学环境下，教学方式受限，影响教学效果

笔者教授的"经济学原理"课程，涉及大量的图表及动态演示，在线下课堂教学中可以采用教杆指引、肢体语言等多种方式；而在线上教学中，主要依靠鼠标箭头的移动来指引，由于学生看不到教师的动作，对于鼠标箭头的移动没有预判，需要时刻盯着图标，精力不集中就会错失图标的位置，极大地影响了教学效果。

（4）软硬件条件受限

网络直播教学过程中，硬件有可能出现问题，例如笔者就曾经遇到电脑突然死机，鼠标损坏的问题；软件问题包括网速慢、网络不稳定，经常出现延迟现象，严重时延迟超过十秒，甚至直接中断，这些问题会影响教学质量。

2 网络直播教学所带来的机遇

虽然存在上述种种挑战，但是线上教学也带来了一些机遇。

（1）网络直播教学激发了学生参与课堂的积极性

学生的课堂参与性有明显的提高。在之前的线下课堂教学中，只有个别学习积极性高的学生举手发言和参与互动，大部分的学生喜欢保持沉默。网络直播教学之后，虽然没有确切的数字统计，但笔者感觉学生的参与人数和参与程度明显提高。QQ群的讨论热度很高，大部分学生会参与QQ发言。学生对有些问题很感兴趣，也许是因为经济学本身和实际联系较为紧密，例如，疫情期间政府所采取的应对经济下滑的策略，与宏观经济学的主要内容有关，学生对于理论和实际的多种方式展开了热烈讨论，甚至下课后依然在QQ群继续探讨。学生乐意在QQ群积极发言的可能原因是，一方面线上交流主要是文字输入，很多不善于语言表达的同学避免了尴尬；另一方面，手机输入是一种潮流，学生喜欢并习惯了这种表达方式。

（2）网络直播教学有助于学生随时反馈疑问，参与教学

QQ群的存在方便了学生提问，有些学生在之前的线下课堂教学中不一定会提问，但在QQ群中可能会提问。网络直播教学经常被学生的提问打断进程，不过笔者很赞同学生的打断式提问，这是教师了解学生学习情况和教学反馈的有利途径。在QQ群讨论中，学生可以即时反馈，或在QQ群中直接留言，教师可以及时解答学生的问题，提高教学效果。

（3）教学内容有所扩展

在网络直播教学形式下，每一个学生在课堂上都可以利用搜索引擎，随时对感兴趣的问题进行网络搜寻，所摄取的知识量有所增加，超出了教材的知识范围。例如宏观经济学中为了应对经济危机流行的凯恩斯主义，教材中对于凯恩斯主义的态度是十分确定的，而网络上对于凯恩斯主义向来众说纷纭，学生

通过网络查找，可多角度、更全面地看待这一理论，理解现实的复杂性，开阔自己的视野，提高自己理论联系实际的能力。学生非常喜欢在 QQ 群里实时展示查到的资料，丰富了学习的内容。

（4）教学相长，对教师素质的要求提高

由于互联网非常发达，学生可以即时查询到很多观点，这也对教师提出了更高要求，一方面要求教师精通专业知识，最好可以融会贯通；另一方面要求教师有广泛的知识面，善于提炼总结，有自己的独特见解，否则就是对网络知识的重复。对于网络知识的重复，一方面会降低学生的学习积极性；另一方面，如果没有自己的观点，教师会失去课堂上的威望。

综合以上方面，笔者认为教师应抓住线上教学的特殊机遇并进行教学总结，为以后网络直播教学提供助力。

3 对网络直播教学的一些建议

（1）吸取网络直播教学的优点，采用 QQ 群进行实时互动交流，提高学生参与讨论的积极性

积极引导学生在课堂上合理利用 QQ 群参与讨论，引导学生利用网络扩展自己的知识面。在网络直播教学中，可以采用 QQ 群进行课堂互动交流，虽然这些交互方式存在一些问题，不像现场讨论那样节奏紧凑，但是这种形式也有鲜活的生命力，即学生的积极参与。通过一学期的教学摸索，笔者认为学生是喜欢参与教学的，只要有适当的形式，他们就会自然迸发出对知识的渴望和追求。如果教师能恰当地加以运用，这些网络交流模式也可以提高教学质量。

（2）改进网络基础设施，提高网速，改进教学软件

高网速可以解决网络直播教学的很多问题，例如语音的时间延迟性、画面的中断等现象，这就需要增加网络基础设施投入，从 4G 尽快过渡到 5G，提高网速。另外，针对教学软件，希望可以设计出更适合网络教学的软件。通过实践，笔者认为 QQ 的网络直播速度相对较快，优于其他软件。最好能开发出实时监控课堂软件，保证可以同时看到教学 PPT 和学生的实时动态。

（3）教师要适应网络直播教学，善于引导网络课程讨论

网络直播教学中，教师需要适应"一心两用"，一方面讲授课程，另一方面注意学生的动态，与学生及时沟通。对于学生的 QQ 群讨论，教师要尽快适应这一新模式，学生讨论时经常出现众多观点甚至跑题，教师需要及时理解学生的表达，迅速作出正确的回应。教师要善于把控讨论局面，善于书面表达，用词要适当，积极引导学生发言，对于出现的"刷屏"现象或者学生之间的激烈措辞甚至冲突，要及时处理，把控讨论的方向。

以上是一个普通教师对于网络直播教学的思考，期望这种教学新模式对提高教学质量发挥出更大的作用。

参考文献

[1] 王世朋,张楠.疫情防控背景下网络直播教学引发的思考——基于智学网校平台高三数学网络直播课案例研究[J].中国教育信息化,2020(15):68-72.

[2] 孙忠良,麻校同.基于网络直播平台创新"概论"课实践教学模式的应用与思考[J].思想政治教育研究,2018,34(03):114-116.

[3] 商娟叶.基于实时交互模式的在线课程直播教学平台的研究[J].微型电脑应用,2020,36(10):18-20.

[4] 王爽.基于慕课和网课的纯在线教学设计与实践研究[J].农家参谋,2020(23):287.

[5] 安紫烨,李明勇.疫情防控期间网络直播+居家学习模式设计[J].计算机教育,2020(10):61-66.

[6] 潘莉萍,王静.新冠肺炎疫情下"网络教学"现状分析与对策研究[J].教育教学论坛,2020(40):284-285.

下

篇

高校教学管理思考

大数据技术在高校教学管理中的应用研究

蒋秀莲

摘　要：大数据技术不仅促进了生产力的发展，也改变了人们的思维方式和工作方式，而且是创新的"新引擎"。高校可以借助大数据技术全面了解教学管理情况，分析教师教学内容、教学设计、教学进度等，分析学生学习行为、学习效果，从而进行科学决策，促进大学生多元化发展，提高人才培养质量，使学生更好地融入社会。本文通过调研与分析，梳理出高等学校在教学管理中普遍存在的大数据技术服务需求，并进一步分析了大数据技术在高校教学管理方面的应用，从而为高校建立基于大数据技术的教学管理平台提供参考。

关键词：大数据技术；高校教学管理；需求

1　引　言

自 2015 年以来，中国先后出台了很多文件指导和促进新一代信息技术的发展，如《中国制造 2025》《促进大数据发展行动纲要》《国务院关于积极推进"互联网+"行动的指导意见》《"十三五"国家信息化规划》等。随着信息技术的迅速发展和普及应用，所产生的数据爆炸式增长，大数据技术的应用也逐渐普遍。随着互联网、云计算及物联网等大数据技术的兴起，高校师生主动产生和由设备收集的信息越来越多，各高校已开始着手利用大数据技术，从数据量大、产生频率高、结构复杂的数据中获得有用信息用于高校的教学管理。"互联网+教育"是高等教育的趋势，大数据技术应用已经成为高校信息化建设的重点。

在传统的高校管理中，每个学生都需要持有多张卡和证件，这种管理模式增加了学校管理工作成本，也给学生本就忙碌的生活增添了负担，卡和证件丢失的概率也大大增加。校园卡集多种校园功能于一身，在校园管理和师生学习生活中发挥着重要作用，为学校的管理工作提供了更快、更高效的方式，为教师的工作、学生的学习与生活带来了便利。在校园卡使用过程中会生成大量数据，数据记录了师生的日常工作、学习和生活信息。

2　文献回顾

最近几年，大数据及其应用研究引起了人们的广泛关注，国内外已有许多

作者简介：蒋秀莲，徐州工程学院管理工程学院教师，研究员级高级工程师，研究方向为信管管理与信息系统。

研究成果出现。国内外学术界首先关注的是商业大数据、政府大数据和医学大数据。一些关于大数据的国际顶级学术专刊纷纷出版，集中研究了大数据的特点、技术和相关应用。2008 年以来，一些咨询公司如 IDC、GARTNER、麦肯锡、埃森哲和普华永道等，还有一些刊物如《纽约时报》《福布斯》《技术评论》《财富周刊》及《科学》《自然》等科学期刊都大量介绍了大数据。中国学术界于 2013 年开始研究大数据，2014 年至 2016 年的研究成果迅速增长。尽管如此，我国对大数据技术在高校中的应用研究还处于初级阶段，大数据技术在教育领域中的应用还不是很多，在教学应用方面的分析还处于起步阶段，系统研究较少。

目前，国内外关于大数据问题的研究主要有以下几方面：① 分析大数据的主体性；② 分析大数据的重要性；③ 分析大数据的社会性；④ 分析大数据的价值；⑤ 分析大数据的经济性；⑥ 分析大数据的技术性；⑦ 分析大数据的开放性；⑧ 分析大数据的规范性。

根据国际学术趋势，一些大数据出版物也在中国出版。李志刚等在《大数据——大价值、大机遇、大变革》中描述了大数据的背景、特点和发展趋势，并从经验角度讨论了它们对社会和商业智能的影响。涂子沛在《大数据》中对数据的公正性、公平性及信息管理等方面的理念变化进行了研究，并以美国关于这方面的研究为借鉴。车品觉在《决战大数据：大数据的关键思考》中描述了其在蚂蚁金服和阿里集团的多年实践，并将理论与数据产品相结合。2015 年以后，中国学术界兴起了大数据技术在教育领域应用的研究热潮。

国内对大数据技术在高校教学管理中的应用研究主要体现在以下几点：① 大数据教育的内涵；② 教育大数据的类型；③ 教育大数据技术架构；④ 大数据对高校教学管理的影响；⑤ 大数据背景下高校教学管理创新。

高效科学的教学管理、随时随地在线学习、多元的校园文化和便利的校园生活是建设智慧校园的目标。大数据有助于检验学生学习的表现和方法，通过大数据分析，教师可以使用更加精准的方法来研究学生的学习情况。

本文致力于研究高校应用大数据技术所遇到的机遇和挑战，分析高校教学管理对大数据技术服务的潜在需求，以及大数据技术对高校教学管理的可实现需求分析。

3 大数据技术

信息社会对新的信息技术产生巨大需求，大数据技术应运而生。大数据技术在一定程度上是一定阶段生产力发展和信息技术发展的产物。大数据技术是信息时代的新工具、新平台、新技术、新方法。大数据通常指的是大于 1TB 的海量数据。大数据是指在较短时间内不能用传统数据库软件对其进行收集、存储、处理和分析的数据集合。人们存储数据、生成数据和使用数据技术能力

增强的结果。大数据具有 4 个基本特性：数据量大（Volume）、数据种类繁多
（Variety）、数据处理速度快（Velocity）、数据价值密度低（Value），也称大数
据的 4 V 特性。大数据的 4V 特性表明，大数据不仅数据量大，而且分析大数
据也将变得更加复杂、更注重实用性。大数据主要包括结构化数据和非结构化
数据，面对种类繁多的异构数据，数据处理和分析技术面临巨大挑战，同时也
带来了新的机遇。大数据的发展过程基本上可以分为 3 个阶段：萌芽期、成熟
期和大规模应用期（见表 1）。

表 1　大数据发展的 3 个阶段

阶段	时间	内容
第一阶段：萌芽期	20 世纪 90 年代至 21 世纪	随着逐渐成熟的数据挖掘和数据库技术，很多商业智能工具和管理技术已经被应用，如数据仓库、专家系统等
第二阶段：成熟期	21 世纪前 10 年	随着 Web 2.0 应用的快速发展，非结构化数据大量生成，传统处理方式的难度较大，导致大数据技术突飞猛进，形成了两项主要技术：并行计算和分布式系统。GFS 和 MapReduce 等大数据技术非常流行，尤其是 Hadoop 平台
第三阶段：大规模应用期	2010 年以后	大数据应用渗透各行各业，数据驱动决策，信息社会智能化程度大幅提高

　　大数据处理的问题纷繁复杂，对于不同类型的计算需求使用单一不变的计
算模式是行不通的。目前，大数据的计算模式主要有 MapReduce、查询分析计
算、图计算、流计算等。
　　大数据无处不在，金融、汽车、电信、餐饮、体育、能源、娱乐等行业都
已融入大数据，大数据在各个领域的应用情况如表 2 所示。

表 2　大数据在各个领域的应用

领域	大数据的应用
制造业	提高制造业水平，包括诊断产品故障、分析工艺流程、改进生产工艺等
金融行业	大数据在高频交易、社交情绪分析和信贷风险分析 3 大领域发挥着重要作用
汽车行业	利用大数据和物联网技术的无人驾驶汽车将进入人们的日常生活
互联网行业	分析客户行为，推荐商品和投放有针对性的广告
餐饮行业	餐饮实现 O2O 模式，传统经营方式发生改变
电信行业	实现客户离网分析，及时掌握客户离网倾向，制定客户挽留措施
能源行业	分析用户用电模式，改进电网运行，确保电网运行安全

续表

领域	大数据的应用
物流行业	优化物流网络，提高物流效率，降低物流成本
城市管理	实现智能化交通、环保检测和城市规划
生物医学	预测流行病、智慧医疗、健康管理
体育和娱乐	帮助训练队员，实现信息化管理，预测比赛结果
安全领域	政府可以构建强大的国家安全保障体系，企业可以利用其抵御网络攻击
个人生活	分析个人生活行为习惯，提供个性化服务

4 高校教学管理对大数据技术服务的需求分析

大数据技术具有广泛的应用领域且涉及的内容较多，不管是在商业领域还是在政治领域，大数据都起着重要作用，许多决策行为都是基于大数据技术产生的。人们可以利用大数据技术快速获取、处理和分析一些企业信息，帮助企业做出决策。在教育领域，大数据技术也具有重要的应用，利用大数据技术可以快速整合教育管理信息并进一步处理分析，提高教育管理的科学性，实现管理的智能化，实现高校培养高质量人才服务社会的目标。

4.1 高校师生对大数据技术服务的需求分析

基于国家教育信息化建设的发展，高校信息化建设的步伐不断加快，高校对大数据技术服务需求最为迫切的两大群体是教师和学生。利用大数据技术，教师可以收集学生的学习信息，并且可对数据信息进一步挖掘，以了解学生的学习情况，从而合理地控制教学节奏，进行有效教学，提高教学质量。大数据技术和各种教育教学平台、设备的出现，尤其是基于信息技术的新型教学模式如在线学习、电子书包、翻转课堂、中国大学 MOOC、创客教育的出现，使高校教学方式呈现多样化，教学场所广泛，学习活动可以随时随地进行。这些教学信息需要进行有效地提取和处理分析，并根据实际情况和新教学方法的需要科学地研究和评估教学情况，以鼓励学生随时随地进行学习，也为终身学习提供支持。

4.2 高校教学管理和图书馆对大数据技术服务的需求分析

4.2.1 高校教学管理对大数据技术服务的需求分析

高校通过数字化管理平台可以提升教学管理的信息化水平，提高信息资源的利用率。大数据技术是提升高校教育教学管理水平的有效途径。

在高校教学管理中应用大数据技术主要包括两个方面：学生学习分析和教育数据的挖掘。学生学习分析是收集、处理、分析和汇总呈现学生学习情况及学习环境的数据，从而了解学生的学习状况和优化学习环境，这些数据的另一个重要应用是能够对学生学习成绩进行监控和预测，从而掌握学生的学习水平，及时发现潜在问题并对其进行干预。在教育领域进行数据挖掘的目的是用机器学习和数据挖掘的方法在教学和学习分析中获得数据，预测学生的学习行为，优化教学组织结构，提供具有最佳教学效果的教学模式，促进教学领域的科学研究。在高校教学管理中，可以利用现有的数据库系统，将大数据技术广泛应用于学生选课、毕业管理、教师教学效果评价、学校管理等方面，以提升管理效率。

目前，高校普遍使用教务管理系统、专业建设平台、网络课程教学平台，这些平台存储了大量数据。假设一所高校有1000名教师，开设了50个专业，在每天的教学活动中，教师的授课信息、教学内容、教学视频，学生的出勤信息、作业信息、社团活动信息，学生之间的沟通情况、教师与学生之间的相互评价等会形成大量的信息。学校通过一些技术手段可以收集和处理学生的学习信息，如由网络课程平台产生的数据、图像、视频及由各互动平台产生的大量互动信息。利用大数据技术就可以对以上信息进行处理和挖掘，发现对提高人才培养质量有价值的信息。

4.2.2 高校图书馆管理对大数据技术服务的需求分析

图书馆中数据的来源主要包括：① 图书馆内部生成的数据，例如图书馆本身的资源库（包括纸质书、电子书、各种类型的期刊数据库等）、设施情况、读者借阅情况、社交网络数据等；② 图书馆外部的共享信息，如馆际互借信息、出版社信息等。每个高校的图书馆都有用户需求，如果充分挖掘和利用这些数据资源，可以提升高校图书馆的服务质量，提高图书馆服务社会的价值。在大数据环境下，高校相关管理部门需要思考的问题是如何利用数据信息进行图书馆的管理创新，并提高图书馆资源的使用价值。大数据时代高校图书馆的需求发生了变化，具体如下：

（1）信息服务方式现代化

高校图书馆的主要用户是教师和学生，他们有较好的计算机操作能力，对图书馆资源的需求占比较大。因此，在快速发展的信息技术面前，高校图书馆应该学会评估形势，努力为教师和学生提供一个方便快捷的高层次网络服务平台，不断提高信息检索效率和文献采集能力，提高服务水平，提供各种方便实用的搜索工具，在各种数据资源（包括各种数据库资源、镜像服务资源等）上实现智慧化服务。除此之外，高校图书馆用户对电子文件传递、网上公共资源查询等的需求也在逐渐增加，因此满足用户需求的重要途径就是应用现代化的信息服务方式。

（2）信息服务效率高效化

在大数据时代，图书馆用户对快速远程传输信息的需求越来越强烈，实时传输和实时交付已经成为信息服务不可逆转的趋势。为了快速回应图书馆用户的要求，需要提高图书馆计算机网络处理信息的速度，从而满足用户更高的要求。

5　大数据技术在高校教学管理方面的应用

在数据收集、管理模式、教育培训、资源控制、考核评估、智慧校园等方面，大数据技术给高校提供了技术支撑。在融合了互联网、物联网、云计算等大数据技术后，高校实现了从管理向治理的转变，形成了民主化和科学化的创新管理。大数据教学有两个主要优势：首先是私人调整，其次是大规模的个人调整。私人调整是指使用相适应的学习软件并通过适当的算法分析个人需求，从而为每个学习者创建个性化列表。大数据有助于评估教育管理，实现从经验向数据的转变、从模糊向精准的转变、从结果向过程的转变。高校大数据平台的建立，有助于重组有限的教育教学、实验室等资源，从而进行分配和优化，使教育资源的结构更新、功能更完善、资源利用率更高。利用大数据技术对学生信息、课堂信息、成绩信息、课程偏好、课程设置、招生信息和就业信息等相关数据进行分析，可以挖掘这些数据隐藏的价值，设计科学合理的学习内容，激发学生的学习热情和创新精神。大数据技术的应用主要有以下几个方面。

（1）共享信息资源

基于原有的校园信息化建设，对数据、信息进行标准化，形成规范的信息体系；整合各类管理信息系统，建立资源交流共享平台，实现数据在业务系统之间的准确同步交换，最大限度地实现共享校园信息资源。

（2）评估教学质量

教学质量评估是每个高校都需要进行的项目，它分为两部分：校内自评和主管部门评估。将大数据技术引入教学质量评估中，可以科学合理地提高教育管理的效率，加快高校信息化建设的步伐。通过数据挖掘和分析所获得的有用信息将为教学评估提供重要参考，也为评估专家和教学管理的决策提供支持。

（3）预测和舆情分析

对行为进行预测是大数据技术的核心内容。管理人员可以利用大数据技术进行可视化分析，再根据所挖掘的结果进行预测。对于高校管理层，关键是在获得所有数据之后做出准确预测，再进行准确的分析和整合。大数据平台可以根据每个用户的兴趣爱好和专业特点，为用户提供相关领域的资源和相关技术，并可以为其规划未来的职业发展。利用大数据的优势和特点，高校还可以充分发挥其在舆情管理上管理主体的能动性，通过大数据的处理，可以捕捉到舆情中的各种不确定性，使高校从被动走向主动。

（4）提高图书馆服务能力

图书馆可以借助大数据技术分析读者喜欢什么书，根据分析结果调整内容和服务方式，从而满足用户的需求。例如，通过查看读者借阅数据和浏览图书资源的历史信息，分析读者喜好，为其配置书籍和期刊；利用访问系统计算图书馆往返的日常流量，并设置调整服务时间。根据大数据使用情况，图书馆可以进行审查并及时调整自己的数据收集和处理，以便更好地利用数据，从而促进图书馆服务信息化和提高服务质量。

6 结 语

将大数据技术应用于教育领域会对教育行业产生积极的影响，它使高校的教学管理更加科学高效，与依靠直觉和经验做决策相比，大数据技术可以帮助高校做出精准的决策。利用大数据技术，可以充分了解学生学习行为并进行精准指导，发展每位学生的优势潜能，使大学生朝着更加多元化的方向发展，使学生更容易融入社会。

参考文献

［1］ 邹太龙．大数据时代高校教育管理的可能走向及实现路径[J].高教探索,2017(11)：10-16.

［2］ 陶婷婷．基于校园一卡通和云课堂数据的消费与学习行为分析[D]. 武汉:华中师范大学,2017.

［3］ 胡永生,刘颖．基于用户调查的高校科学数据管理需求分析[J].图书情报工作,2013,57(06):28-32,78.

［4］ 孟小峰,慈祥．大数据管理:概念、技术与挑战[J].计算机研究与发展,2013,50(01)：146-169.

［5］ 张颖超．大数据对高等教育发展的影响研究[D]. 重庆:重庆大学,2016.

［6］ 胡乐乐．大数据时代美国高校管理改革创新[J].比较教育研究,2016(7)：71-78.

［7］ 钟婉娟,侯浩翔．大数据视角下教育决策机制优化及实现路径[J]. 教育发展研究,2016(3)：8-14.

［8］ 彭浩晟．论大数据技术推动下的高校信息管理能力提升[J].高教探索,2016(6)：19-24.

［9］ 翟文峰．基于校内大数据的高校信息门户需求分析[J].中国教育信息化,2017(21)：66-69.

［10］ 李鸿．大数据背景下高校图书馆的用户需求与信息服务[J].中国科技信息,2014(Z1):79-80.

［11］ 程瑛,刘成．迈向大数据时代的高校管理创新[J].中国行政管理,2016(8)：150-152.

［12］ 陈桂香．大数据对我国高校教育管理的影响及对策研究[D]. 武汉:武汉大学,2017.

教育大数据驱动的教育精准扶贫实践创新

何旭东

摘　要：基于教育大数据的教育精准扶贫是实现精准脱贫的重要途径。本文界定了教育大数据的内涵及其对教育精准扶贫的重要作用；以调研案例阐述了教育大数据在教育精准扶贫中的实践应用；叙述了教育大数据在精准扶贫中的创新运用；提出了基于教育大数据的教育精准扶贫策略。

关键词：教育大数据；教育扶贫；精准扶贫

1　教育扶贫与教育大数据

改革开放 40 年来，我国扶贫工作取得了卓越成效，贫困人口统计数量从 1978 年的 7.7 亿减少到 2017 年的 3046 万。在取得明显绩效的同时，扶贫工作同样面临着诸多挑战，扶贫方式粗放、扶贫对象识别困难、扶贫资源分配失衡、扶贫监管工作滞后等弊端很难克服，精准扶贫尤其是教育精准扶贫是一种高效的崭新模式。

教育扶贫是通过普及教育的途径，使贫困群体有机会能够接受所必需的基础教育，提高思想道德意识，掌握一定的科学文化知识和劳动技能，从而达到改造自然、摆脱贫困、适应社会的最终目标。扶贫攻坚举措有多种政策性和经济性的方式，其中只有教育扶贫才是解决贫困、彻底稳定脱贫的根本途径。"治贫先治愚"决定了教育扶贫的先导性功能，"扶贫必扶智"决定了教育扶贫的基础性地位，"脱贫防返贫"决定了教育扶贫的根本性作用。

教育大数据技术因其数据化、网格化与动态化等特点与精准扶贫的机制要求相契合，数据扶贫成为实现精准脱贫目标的可行路径。2015 年习近平总书记精确阐释了精准扶贫的工作要求，提出要以数据目标定位"精准扶贫"，诠释共享发展理念，充分发挥数据精准定位、开放共享的应用价值。具体来讲，教育大数据技术能够借助网络聚类、数据挖掘和关联分析等大数据分析方法来处理历年来积累的海量扶贫数据，精准有效地识别扶贫对象，精准分配帮扶资源，精准评估选择扶贫方式，精准实时监管扶贫过程，精准量化考核扶贫绩效，逐步构建覆盖从学前教育到高等教育的全过程、全周期、全方位的精准扶

作者简介：何旭东，博士，副教授，研究方向为教育管理。
基金项目：江苏省社会科学基金项目（17GLB017），基于大数据的教育精准扶贫实现路径研究。

贫体系。

2 教育大数据全面驱动教育扶贫的"精准化"

基于大数据驱动的教育精准扶贫，能够促使大数据精准思维与教育扶贫功能有机耦合，借助教育大数据的全样本、全场景、全过程、全透明等特性，实现教育扶贫对象识别的精准性、扶贫过程管理的精细化、扶贫方式方法的精确性和扶贫结果的高效性，推进教育精准扶贫全过程科学化、智能化和专业化。

教育精准扶贫兼具"精准扶教育之贫"和"依靠教育实现精准扶贫"的双重属性，是推动我国扶贫方式由"输血式"向"造血式"转变的重要途径。在教育扶贫模式向教育精准扶贫模式转型的过程中，需要借助教育大数据和"互联网+"等现代信息技术，构建以教育大数据为核心的创新型教育精准扶贫体系，实现教育资源由富集区向贫瘠区的输送和转移，并在教育扶贫的各个环节提供重要支撑，尤其是要保证扶贫对象识别、扶贫方式方法及扶贫过程管理考核等关键环节的"精准"。

（1）准确甄别教育扶贫对象

教育大数据是教育精准扶贫工作的技术基础。在教育领域，针对以往教育扶贫工作中教育扶贫对象不清晰、教育扶贫对象考核标准不明确等问题，利用大数据的数据收集和分析技术准确客观地记录贫困人群的家庭现状、致贫原因、贫困程度等情况，结合当地实际情况及国家贫困对象标准筛选出真正需要帮扶的目标对象，并量化确定其贫困等级，构建一个全方位、多层级的教育帮扶网络体系，使教育扶贫资源精准投放到真正需要帮扶的目标对象手中。

（2）创新教育精准扶贫方式方法

教育大数据为教育扶贫走向精准化提供了"对症"的方法。在已经搭建的教育扶贫对象云平台基础上，利用教育大数据的数据搜索、数据查询、数据综合等技术整合教育扶贫资源，合理分门别类，结合教育扶贫对象的实际需求，生成多种教育扶贫方案，推荐并优化教育扶贫路径，为教育精准扶贫提供决策支持，避免由教育扶贫方法选用不科学所导致的扶贫资源滥用、扶贫措施不奏效等不良后果。

（3）跟踪评价教育扶贫动态过程

教育大数据为教育精准扶贫提供了全过程、全节点、全方位的跟踪。教育大数据除了能精准识别教育扶贫对象，为教育扶贫方法的选用提供决策支持，还可以凭借其强大的数据库管理、功能更新实现对教育扶贫多元主体、扶贫对象、扶贫绩效等方面的动态跟踪。通过动态跟踪能够实时掌握教育扶贫工作的进展、责任履行情况、教育扶贫成果大小，并根据动态监控结果建立教育扶贫成果后评价机制，根据后评价结果的反馈结合扶贫对象的发展情况，建立扶贫退出与返贫再扶机制。

3 教育大数据在精准扶贫中的创新运用

3.1 政府主导构建教育大数据精准扶贫专业化平台

教育精准扶贫的数据信息采集涉及的范围宽泛、指标繁多、数据规模巨大、人工成本较高，并且大数据技术开发工作系统联动性高，社会公益性和社会保障性特征明显，涉及个人信息和个人隐私安全的问题较多，以政府为主导构建的教育大数据精准扶贫管理平台必然成为教育精准扶贫中的重要力量。

2015年9月，甘肃省被列为国家扶贫办全国大数据平台建设试点省份。甘肃精准扶贫大数据管理平台建成运营以来，已经完成了甘肃地区417万贫困人口的数据信息采集，实现了省域内贫困对象精准扶贫大数据库建设，涵盖全省近90万名教育扶贫对象的详细数据信息，为教育精准扶贫的管理、跟踪与绩效考核提供了重要依据。教育扶贫大数据管理平台针对扶贫对象识别、扶贫措施、数据分析、扶贫成效和绩效考核等方面的需求形成了5大功能模块。

通过该平台数据分析贫困原因发现，2016年底甘肃295.53万贫困人口中，"因学致贫"人数达32.7万人，未来要"靠发展教育脱贫"的贫困人数多达88万人；"缺技术致贫"的人口数占总人口数的25.92%，即存在76.6万人需要依靠职业技术等手段实现精准脱贫。依据大数据聚类分析，借助教育大数据精准扶贫管理平台多元化的功能设置，甘肃省针对"因学致贫"和"缺技术致贫"两个主要方面，采取了一系列精准的扶贫措施，对各个阶段的教育对象进行精准帮扶。其中，"因学致贫"的教育精准扶贫措施包括：免除贫困家庭子女的幼儿保教费；为义务教育阶段的贫困学生免除教科书费和学杂费；为家庭经济困难的寄宿生免费提供营养餐，发放生活补贴；科学制定标准化寄宿学校的开办数量，合理选址；改善高中教育阶段城乡资源结构，实现资源共享；免除职业教育阶段部分贫困学生的学费，帮助学生获批生源地助学金贷款。"缺技术致贫"的教育精准扶贫措施包括：加强职业教育培训，培养区域产业化人才；培养高知人才，实现高质量发展。这些措施的精准实施和精准落地，以及扶贫资金的精准发放和高效运用，都离不开教育大数据的动态分析和精准识别、精准预测及精准帮扶。

3.2 企业探索教育大数据精准扶贫商业化模式

在政府倡导教育大数据精准扶贫的号召下，相关企业基于响应国家号召和打造企业自身形象的需要，以自身技术优势和产品优势为契合点，尝试进行教育大数据精准扶贫的商业化探索。

"作业帮"是一家致力于利用现代技术创新教育发展模式的企业。2018年11月，"作业帮"借势第五届世界互联网大会，正式启动"千帆公益计划"。"作业帮"同贵州沿河土家族自治县签订协议，共同开展教育扶贫行动；与新疆阿克恰勒乡对接结成扶贫对子，并定向对河北赤城、内蒙古敖汉旗等区域进行教育资源帮扶。"作业帮"充分发挥其人工智能领域的技术优势，不断开发教育大数据相关产品和技术应用，逐渐完善和形成广受认可的"人工智能+"教育大数据精准扶贫创新模式。教育大数据分析显示，有超过60%的在线教育服务用户来自三四线城市和地区；在深度扶贫的重点区域"三区三州"，"作业帮"用户的平均增速超过百分之二百，证明"作业帮"确实能满足学生对优质教育资源的需求，体现了教育精准扶贫的实践意义。同时，"作业帮"还推出"作业帮诵读计划"，为贫困和边远地区的学生提供免费的诵读课程；实施"梦想学校"公益活动，为贫困地区校园赠送智能手机和数据流量等教学设备，积极探索支教活动的新方法和新模式，持续为贫困地区输出优质的在线教育资源。

3.3 高校发挥资源优势践行教育精准扶贫

高等学校具备天然的智力资源集聚优势，智慧数字校园建设等行动为基于教育大数据的教育精准扶贫夯实了坚实的基础，因此，高等院校在教育精准扶贫工作中扮演着重要角色。高校通过多种方式采集与贫困学生有关的各类数据信息，并形成多部门联合的审核与追踪。学工处负责贫困学生自然信息、家庭信息的收集及在校受资助情况的整理；现代教育技术处负责统计贫困学生在校期间的消费情况，如食堂就餐、交通出行、线上购物等；心理健康中心借助心理测试和心理诊断等方式及时了解贫困学生的心理状况；就业主管部门应持续追踪和关注贫困学生的就业失业情况；辅导员要掌握贫困学生的平时成绩及综合素质表现等。多个部门综合信息后，建立精准扶贫档案，并建立智慧校园大数据管理平台，对贫困学生进行数据分析比对和跟踪监控，从而划定贫困对象。

通过大数据的数据搜索、挖掘和资源匹配功能，高校精确管理运用帮扶资金资源，根据贫困学生的具体情况选择合适的经济资助方式或者多种组合方式帮助学生完成学业。学校鼓励贫困学生参与各类勤工助学活动、社会实践和公益活动及创新创业项目，利用智慧校园搭建贫困学生服务平台，为他们进行上述各类活动提供信息登记管理服务。通过学生的创新创业、公益活动、勤工俭学等行为分析预测其心理发展趋势，做到精准帮扶，帮助贫困学生形成自我"造血"式发展，实现自我脱贫，形成"上提下拨"的新型扶贫模式。

4 基于教育大数据的教育精准扶贫策略

4.1 加强数据搜集环节的管理

① 简化数据搜集流程。数据搜集服务于大数据扶贫平台，涉及国务院扶贫开发领导办公室、工信部、农业农村部、科技部等多个部门，需要多部门协调做好推广应用、下级用户账户分配管理、APP 客户端下载安装应用指导和问题指南等任务，避免出现多头管理的混乱情况，确保驻村扶贫专职人员易学

会用。

② 建立健全监管督查机制。数据的客观性和准确性决定了扶贫决策和扶贫工作的质量,因此数据采集过程的监管督查机制就显得尤为重要。需要政府主导,加快建立并逐步完善扎根于扶贫工作的监管督查机制,切实将扶贫思想、扶贫计划和扶贫措施统一起来。

4.2 增加人才培养的投入

① 专业人才培养。政府需加大对部分贫困地区高校的资金投入,督促高校以高质量的教学培养出"生根于"当地并且"发展于"当地的专业人才。高校应视情况增设二级学科,积极响应政策号召,统筹学校资源发展大数据扶贫方向的专业学科。企业应发挥自己的专业优势,加强产学研用合作机制,为扶贫攻坚战提供人才支持。

② 专业人才运用。扶贫是一场持久的攻坚战,不可急于一时,人才的培养应该与人才的运用相融合,最终实现脱贫致富。培育的专业扶贫人才要踊跃投身到扶贫工作一线,在脱贫攻坚战中建功立业。因此,需要设计合理的人才激励制度以激发专业扶贫人才的工作积极性。

4.3 健全扶贫相关的法规政策

将教育大数据创新运用到教育扶贫工作中去,可能会遇到一些阻力和障碍,新生事物的顺利发展需要政策支持和法律法规的引导。教育精准扶贫的可行措施包括推进全国统一"大数据精准扶贫"系统平台建设,打出"系列政策组合拳",例如货币政策、金融政策和行政政策等,通过大数据严控扶贫绩效考核,推动立法,保护扶贫工作。

4.4 加大扶贫行政扶持力度

① 加强各部门间的扶贫数据共享。各部门间的程序流通错综复杂,扶贫数据难以沟通互换,加上各地距离较远,交流不便,加强部门间的扶贫数据共享尤为重要。通过加强数据共享,减少数据搜集时间和资源重复占用问题,建立预警长效机制,优化和完善扶贫方案。

② 扶贫资金精准落地。粗放扶贫模式下,大量专项扶贫资金由于发放不合理、不及时等造成了浪费。精准扶贫要求"扶"一定要扶到位,加强资金管控,从资金拨款到资金下发的流程要做到公开透明,确保扶贫资金精准落地。

4.5 加强扶贫数据安全管理

① 加强安全意识。在多数贫困地区,扶贫对象的数据安全意识大都比较薄弱,需要对他们加强数据安全的认知教育,注意保护自身的数据信息安全,不要轻易泄露个人信息。基层扶贫干部也必须加强数据安全意识,不能随意泄露帮扶对象的信息数据。

② 加强风控预警管理。大数据精准扶贫是基于互联网呈现的,任何互联

网产品都会有网络风险，都有受到黑客攻击的可能性，在加大侵权打击力度的同时，也要加强风控预警管理。因此，建立并完善大数据精准扶贫的风控系统尤为重要。

参考文献

［1］ 莫光辉,张玉雪．大数据背景下精准扶贫模式创新路径:精准扶贫绩效提升机制系列研究之十［J］.理论与改革，2017(01):125-130.

［2］ 杨现民,唐斯斯,李冀红．发展教育大数据——内涵、价值和挑战［J］.现代远程教育研究，2016(1):50-61.

［3］ 谢治菊．大数据驱动下的教育扶贫——以长顺县智慧教育扶贫项目为例［J］.湖南师范大学教育学学报,2019(1):43-44.

［4］ 封清云．大数据支持的甘肃教育精准扶贫科学决策研究［J］.教育精准扶贫,2017(12):21-26.

高校教材存在问题及对策研究

何　梅

摘　要：培养满足社会需要的人才是高等教育的根本出发点，影响人才培养的因素有很多，教材的选择与使用是其中之一。当前，人们对高校教材的关注相对较少，但是对于广大的一线教师和接受教育的学生而言，教材的好坏无疑直接影响教学的效果和质量。

关键词：人才培养定位；回访机制

1　高校教材使用现状分析

1.1　现状透视

中小学教育是基础教育，其所教授的知识是学习各个学科专业知识的基础，内容相对较少，而且涉及的理论和知识已经发展得非常成熟。因此，国家教委可以组织全国的专家和学者统一编写该阶段的教材。对于高等教育，一方面其涉及的学科和专业种类繁多，另一方面许多学科还在发展和研究当中，同时还有许多新学科和知识不断产生，技术更新快，所以像中小学教育那样统一编写和使用教材是不太现实的。

目前，高校使用的教材主要有两个来源。一是由权威机构或权威学者编写的教材，另一种则是由任课教师自行编写的教材。权威教材数量相对较少，其中也有差别。通常，由国外引进的教材比较受教师和学生的欢迎，一方面是因为在有些领域，国外的研究水平领先于国内，比如管理学、经济学等；另一方面，在引进时选择了国际上相对权威和知名度较高的教材。但国际上的权威教材由于涉及的文化背景、经济状况、市场环境、行业发展情况等与国内不同，对我国高校学生的适用性并不特别理想。

因此，高校大量使用的是任课教师自行编写的教材，这些教材良莠不齐。不可否认，有许多教师本身就是该专业的研究者，他们将自己多年的实践研究成果写入教材，这样的教材不仅教师用起来得心应手，学生学起来也觉得与实践联系紧密。但也有不少教师是为了评定职称或其他一些非学术的原因编写教材，编写的过程通常是东拼西凑，不注重教材的质量和实用性。使用这样的教材，教师要不时地指出其中的问题甚至是错误，有些教材让学生无法顺利学

作者简介：何梅，徐州工程学院管理工程学院副教授，长期从事房地产开发与管理专业教学工作。

习。另外，有些教师虽然学术水平很高，但缺乏社会实践经验，导致教材跟不上时代的发展，实践价值不高，操作指导性偏弱。

总体而言，当前让教师和学生满意的教材并不多。许多大学生毕业后反映，在大学不过是学到了学习的方法，毕业后就把教材出售，这也充分体现了当前高校教材中存在的问题。

1.2　根源探索

造成当前大量高校教材不受欢迎的原因主要有 3 个：一是高校对人才培养的定位不清，二是学术界的务实精神不够，三是教育界对高校教材的关注度不够。

（1）高校对人才培养的定位不清

许多高校开始重视人才培养的定位问题，但大多数高校都是一个定性的定位，即培养满足社会发展需求的人才。但社会发展的需求到底是什么，满足这样需求的人才应该具有怎样的知识结构、应该掌握哪些技能等一些具体且需要定量回答的问题却很少有人提起。只有回答了这些问题，才能真正确定高校人才培养的具体目标，即明确人才培养的定位。

人才培养的定位不清晰将直接导致教学目标的不明确，教学内容和教学质量也就难以得到明确和有效的规范。在这种情况下，选择教材就会有较大的主观性和随意性，使一些质量差的教材有了生存空间。

（2）学术界的务实精神不够

中国的学术界提倡和鼓励务实精神，但是个别著作抄袭现象把学术界搅得沸沸扬扬，影响了专心致力于研究的学者，自然也就影响了优秀专著和教材的出版。

（3）教育界对高校教材的关注度不够

近几年来，高校发展较快，特别是在高校扩招之后，随之带来的问题也大大增多。教育界主要将注意力集中于资金投入、人才争夺、毕业生就业、教师待遇等较为迫切的问题上，而对提高教学质量这样一个牵涉面广且需要长期努力的问题关注相对较少。教材只是影响教学质量的一个因素，因此没有引起较大的关注。

2　对高校教材编写与使用的建议

高校教材直接影响高校人才培养的质量，应当引起教育界和学术界的重视。提高高校教材质量可以从以下 3 个方面着手。

2.1　建立毕业生回访机制

根据市场需求确定人才培养目标是高校培养人才的关键，也是编写和选用教材的根本依据。高校通过建立毕业生回访机制，能够较好地了解人才市场的需求。

首先，毕业生进入社会后一般会从事与所学专业相关的工作，他们最了解本专业本行业的当前需求甚至是未来的发展趋势。而且，毕业生工作后可以结合自己的工作实践，指出所学教材中内容与实践脱节和错误的地方。因此，向毕业生了解市场需求是比较客观和正确的做法，甚至比许多专家的研究更有价值。

其次，毕业生往往对母校有深厚的感情，他们中的大多数人也都愿意为母校服务，要求其回访并向其咨询所需成本较低。所以，向毕业生了解市场需求是非常经济有效的途径。

2.2 鼓励授课教师编写教材

相对于教材，许多学者更热衷于编写专著和论文。教材大多是讲述专业内相对成熟和基础的理论知识，而专著和论文大多是阐述专业内比较前沿和先进的研究成果，它们更有利于肯定学者研究的价值。因此，需要多多鼓励授课教师编写教材。

鼓励授课教师编写教材其实是鼓励教师将自己的研究成果写入教材。高校教师一般都要承担本专业的科研任务，及时将最新的科研成果传授给学生以尽可能地避免教学与专（行）业发展的脱节。教师在编写教材的过程中可以参考前人的成果，可以筛选精华、剔除糟粕。再者，教师使用自己编写的教材也能更好地进行教学，以提高教学质量。

虽然鼓励授课教师编写教材有可能产生一些质量差的教材，但从另一个角度看，教材越多，教师的选择越多，学生的参考书越多，教材市场的竞争就越激烈，编写出优秀教材的可能性就越大。

2.3 建立健全教材评比机制

建立健全教材评比机制的目的是使优秀教材能够脱颖而出，因此，有必要建立健全教材评比机制。

建立健全教材评比机制需要教育部门给予大力的支持与更多的关注。一方面，高校教材所涉及的学术领域众多、专业面广，只有在整个教育界内组织成立权威的评比机构，才能使教材的评比相对公平客观。另一方面，教材的评比需要整个教育界的共同参与，即教材的评比应当综合考虑广大专家和教师、在校学生和毕业生的意见。专家和教师能够正确评价教材的学术水平，优秀的教材不仅应该正确阐述知识，还应该具有较高的学术水平；在校学生可以确定教材的易学程度，优秀的教材应该是通俗易懂、深入浅出，将深奥的知识用浅显的语言描述出来，使之易于理解和掌握；毕业生则可以确定教材的实用性，优秀的教材应当阐述与实践联系紧密且能运用于实践的知识。

参考文献

［1］ 陈继茳. 适应高等教育发展趋势,不断加强精品教材建设［G］//北京高等教育学会教材工作研究会.探索的脚步——"十一五"北京高等教育教材建设论文集.北京:电子工业出版社,2010.

［2］ 沈庭芝. 在教材建设过程中的一点体会［G］//北京高等教育学会教材工作研究会.探索的脚步——"十一五"北京高等教育教材建设论文集.北京:电子工业出版社,2010.

［3］ 刘春玲. 地方本科院校教材建设工作问题与对策研究［G］//北京高等教育学会教材工作研究会.探索的脚步——"十一五"北京高等教育教材建设论文集.北京:电子工业出版社,2010.

［4］ 罗映霞. 关于大众化教育阶段地方普通本科院校教材建设的思考［G］//北京高等教育学会教材工作研究会.探索的脚步——"十一五"北京高等教育教材建设论文集.北京:电子工业出版社,2010.

［5］ 段远源,冯婉玲. 研究型大学教材建设相关问题思考［J］.中国大学教学,2008（12）:80-83.

［6］ 刘克,雷亮. 新疆医科大学教材建设及教材管理的改革与实践［C］//中国当代教育理论文献——第四届中国教育家大会成果汇编（下）.北京:中国人才研究会教育人才专业委员会、中国未来研究会教育分会、发现杂志社,2007.

高校创新创业教育研究的文献计量与知识图谱

蒋秀莲，茆灵铖，陈会

摘　要：选取中国知网（CNKI）主题为"高校创新创业教育"的2179篇文献，借助可视化分析，旨在掌握我国高校创新创业教育研究的现状与发展趋势。通过共词分析、引文分析、知识图谱分析等方法，利用 CiteSpace、Bibexcel、SPSS 等工具对年度发文量、文献机构、作者、支持基金、关键词等进行研究，结果表明，我国高校创新创业教育文献年分布量总体呈增长趋势，对创新创业教育的重视程度越来越高，高校创新创业教育体系越来越成熟。机构与机构的合作、学者与学者的合作大体上以地理位置相近为基础。然而，创新创业教育的理论与实践结合度不够，相关研究处于边缘化地位，地区发展不平衡等问题需要尽快解决。经济发达地区，重视创新创业教育，投入较多，形成良性循环。

关键词：高校创新创业教育；文献计量；知识图谱

1　引　言

近年来，随着我国创新驱动发展战略的全面实施，形成了"大众创业，万众创新"的局面，对于创新创业型人才的需求不断增加。纵观全球，世界各国在实施创新发展战略的过程中，高校被认为是培养人才的重要平台。大学生是我国创新创业的关键人群，在科技创新、创造财富等方面发挥着重要作用，培养大学生的创新能力、引导部分有潜质的大学生毕业后自主创业成为当前大学教育的一项重要内容。20 多年前，我国高等教育系统就开始关注"创新创业教育"，但大规模开展"创新创业教育"却是近几年的事情。清华大学1998 年举办的创业计划大赛在我国创新创业教育的发展进程中具有开创性意义。本文旨在研究我国创新创业教育的现状及其未来发展趋势，为促进大学生创新创业教育的高质量发展提供借鉴和参考。

本文利用 Citespace、Bibexcel、SPSS 等工具，以中国知网（CNKI）1999年至 2019 年收录的与"高校创新创业教育"相关的 2179 篇文献为样本，进行文献计量分析。从年度发文量、文献期刊分布、发文机构、文献作者、支持基

作者简介：蒋秀莲，徐州工程学院管理工程学院教师，研究员级高级工程师，研究方向为信管管理与信息系统。

课题项目：本文系 2019 年江苏省高等教育教改研究重点课题"大数据背景下信息管理与信息系统一流本科专业应用型人才培养模式研究与实践"（课题号：2019JSJG074）、徐州工程学院"信息管理与信息系统"国家级一流本科专业建设项目的阶段性研究成果。

金、关键词以及创新创业教育研究发展趋势等多个维度进行统计分析，通过客观数据探索高校创新创业教育研究领域的现状与发展趋势，从而为国内创新创业教育研究提供参考和借鉴。

2 数据来源及研究方法

2.1 数据来源

本文选取国内使用最广泛的中国知网作为文献来源数据库。采用的检索方式：在知网的"高级检索"中，以"高校创业教育"并含"创新"为主题；开始时间设为 1999 年，截止时间为 2019 年 12 月 31 日；来源类别限定为核心期刊和 CSSCI，其他条件不限。初步筛选后，进一步对检索结果进行人工筛选，剔除弱相关文献，最终得到 1216 篇期刊论文（期刊论文代表了研究的广度）和 963 篇硕博论文（硕博论文代表了研究的深度），共计 2179 篇文献，满足了分析要求。

2.2 研究方法

本文主要通过文献计量分析来反映我国高校创新创业教育的现状及面临的问题，其核心思想是通过科学知识图谱将高校创新创业教育的发展和变化进行可视化。在具体分析过程中，结合了描述性统计分析、作者合作分析，还有词频分析法、共词分析法、引文分析法、科学知识图谱可视化分析、科学计量法、内容分析法等进行研究。使用的软件主要有 Citespace、Bibexcel 及 SPSS。

3 文献计量与知识图谱分析

3.1 文献数量的年度演进分析

文献数量是评价人文社会科学研究与发展状况的一个重要指标。由图 1 可看出，1999—2009 年是我国高校创新创业教育的探索阶段，该阶段创新创业教育并未引起国内学者的普遍关注，仅有少数人在进行初步探索。2010—2014 年是全面发展阶段，该阶段创新创业教育得到了高校的普遍重视，高校对创新创业教育开展了大量的研究。2015—2019 年属于深入推进阶段，其中 2015—2017 年的大规模研究源于国家对创新创业教育的高度重视，在此期间国务院、教育部等相关部委出台了一系列推动创新创业教育发展的文件，对高校培养创新创业人才做了具体部署，指明了方向。在国家的号召下，各方积极响应，从多角度、多层面深入研究创新创业教育的相关问题，这在一定程度上体现了国家政策的导向作用。从 2017 年开始，创新创业教育文献数量呈下降趋势，这表明我国高校创新创业教育的研究走向常态化高质量阶段。

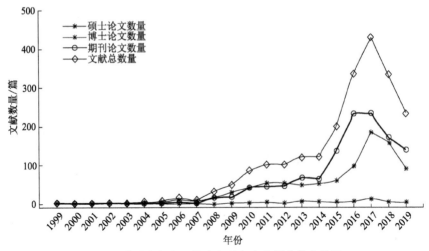

图 1　高校创新创业教育文献年发文量变化趋势图

3.2　发文期刊分布

根据研究的论文样本，选取发文量排名前 10 的期刊，并统计了发文量、总参考数、总被引数、总下载数、下载被引比、篇均被引数等指标，具体见表 1。发文量最多的期刊是《教育与职业》；总被引数和篇均被引数最高的是《中国高教研究》，表明该刊论文在创新性、研究的深度和广度等方面具有较好的可参考性。发文量排名前 10 的刊物中除《黑龙江高教研究》为地方刊物外，其他均为全国性刊物，这表明创新创业教育研究受到较高层次期刊的普遍重视。

表 1　高校创新创业教育文献期刊分布表

序号	期刊	发文量	总参考数	总被引数	总下载数	下载被引比	篇均被引数
1	《教育与职业》	98	484	749	33007	44.07	7.88
2	《中国成人教育》	78	385	656	28423	43.44	8.41
3	《黑龙江高教研究》	60	398	976	38397	39.34	16.27
4	《中国高校科技》	57	292	385	23419	60.83	6.75
5	《中国高等教育》	55	109	1976	53383	27.02	35.93
6	《继续教育研究》	54	292	388	15052	38.79	7.19
7	《学校党建与思想教育》	44	122	413	18665	45.19	9.39
8	《教育发展研究》	39	343	1131	43830	38.75	29.00
9	《高等工程教育研究》	36	315	859	42871	49.91	23.86
10	《中国高教研究》	30	206	2121	77747	36.66	70.70

3.3 期刊论文所属机构分布

3.3.1 基于发文量的核心机构分布

发文机构分布能够反映各机构对高校创新创业教育研究的重视情况。本文选取了发文量排名前10的发文机构（若一篇论文有多个同机构的作者，则仅记此机构发文量为1；若一篇论文有 N 个不同机构的作者，则这 N 个机构各记1次发文量），并统计了发文量、总参考数、总被引数、总下载数、下载被引比、篇均被引数等指标，具体见表2。发文量最多的是温州大学，同时其总被引数和总下载数也远远高于其他机构，这表明温州大学非常重视高校创新创业教育的研究，在这一领域拥有较强的权威性。研究还发现，温州大学发表的期刊论文主要是从政策和社会学角度对高校创新创业教育进行研究，以提升大学生的就业竞争力和创业能力为目的，其内部形成了良好的研究机制，值得各个高校借鉴。发文量前10的这些机构基本上都位于东部沿海地区，这说明高校创新创业教育的研究有一定的地域分布，与当地社会经济的发展、需求、政策导向具有一定的关联性。

表2 基于发文量的期刊论文核心机构分布表

序号	单位	发文量	总参考数	总被引数	总下载数	下载被引比	篇均被引数
1	温州大学	42	310	2184	86934	39.80	52.00
2	浙江大学	33	289	916	46769	51.06	27.76
3	东北师范大学	30	242	1584	60701	38.32	52.80
4	温州医科大学	25	225	1017	46499	45.72	40.68
5	江苏大学	20	87	277	12887	46.52	13.85
6	华南农业大学	17	75	104	5998	57.67	6.12
7	西南大学	16	163	157	8901	56.69	9.81
8	华南师范大学	16	163	267	11702	43.83	16.69
9	南通大学	14	82	244	7247	29.70	17.43
10	清华大学	14	114	318	16911	53.18	22.71

3.3.2 期刊论文所属机构合作分布

机构合作分布能够反映高校创新创业教育研究领域各机构资源共享、沟通、交流等情况。利用 Citespace 对1216篇期刊论文进行分析，结果如图2所示。由图可知，高校创新创业教育研究机构以各综合类大学的二级学院为主，主要是管理类学院与教育类学院。采用机构合作的形式，有利于拓宽研究的深度和广度。由分析可知，有合作关系的机构基本上以地理位置相近的机构为主，合作机构的数量以2~3个居多。例如，吉林大学、东北师范大学、长春师范大学都位于吉林省长春市，其合作程度较高。

图2　高校创新创业教育文献所属机构合作关系分布图谱

3.4　期刊论文的作者分布

3.4.1　基于发文量的核心作者分布

作者分布能够反映高校创新创业教育研究领域的领军及核心人员。本文根据检索的文献，选取了发文量排名前9的作者（不分论文的署名顺序，若一篇论文有 N 个署名作者，则这 N 位作者各记1次发文量），并统计了发文量、总参考数、总被引数、总下载数、下载被引比、篇均被引数等指标，具体见表3。黄兆信的发文量、论文总被引数、论文总下载数均高居第一，这表明黄兆信是高校创新创业教育研究领域的领军者；王占仁、徐小洲、任泽中等在这一领域也独树一帜，为高校创新创业教育的专家。不同作者的研究核心往往不同，如黄兆信主要从政策和社会学角度研究高校的创新创业教育；王占仁主要从教育理念、理论与实践的统一等方面进行研究；徐小洲主要从国际化和创业教育的生态体系建设方面进行研究；任泽中主要从创业教育的模式构建和发展机制方面进行研究。

表3　期刊论文的核心作者分布表

序号	作者	发文量	总参考数	总被引数	总下载数	下载被引比	篇均被引数
1	黄兆信	23	189	1602	66416	41.46	69.65
2	王占仁	13	67	931	34061	36.59	71.62
3	徐小洲	11	90	513	27008	52.65	46.64
4	任泽中	7	25	146	5600	38.36	20.86
5	曾尔雷	6	47	449	13683	30.47	74.83
6	陈文娟	6	11	155	6413	41.37	25.83

续表

序号	作者	发文量	总参考数	总被引数	总下载数	下载被引比	篇均被引数
7	施永川	6	44	404	12262	30.35	67.33
8	倪好	6	45	272	17635	64.83	45.33
9	王志强	6	58	809	34423	42.55	134.83

3.4.2 期刊论文的作者合作分布

作者合作分布能够反映高校创新创业教育领域内研究者的分布状态和学术氛围，利用Citespace对2147篇文献进行分析，结果如图3所示。图3中的圆圈越大，表示该作者的发文量越多，图中的连线表示作者之间的合作情况。黄兆信、王占仁、徐小洲是该合作关系网络图谱的重要节点，在创新创业学术研究团队中扮演着重要的角色。通过以上分析并结合作者单位，得到如下结论：合作发文的作者大都处于相同的研究机构并具有团队关系或师生关系，他们之间存在着广泛的合作，并基本处于合作团队中的核心位置；发文量较多的作者之间，连线稀疏，由此看出，当前我国不同机构之间创新创业教育研究者的合作并不频繁，不同的学术机构及学术团队之间合作频率不高，各大高校之间合作也不多。

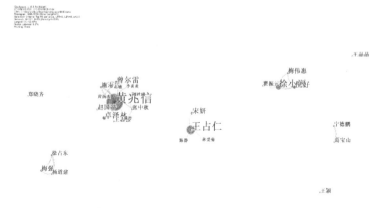

图3 高校创新创业教育文献作者合作关系分布图谱

3.5 硕博论文的作者机构（学位授予单位）分布

硕博论文的作者机构分布能够反映各研究单位对高校创新创业教育研究的深度。根据研究样本，选取发文量排名前10的单位（硕博论文仅有一个作者，故一篇论文对应一个单位），并统计发文量、总参考数、总被引数、总下载数、下载被引比、篇均被引数等指标，具体见表4。从表4可看出，师范类高校在高校创新创业教育方面的研究较多，尤其是东北师范大学和华中师范大学，西南大学、温州大学虽不是师范类院校，但在这一领域也有较多的研究。

研究发现，几乎每篇硕博论文都对我国高校创新创业教育进行了全面的分析，但每篇硕博论文的研究重点不同。师范类高校硕博论文的研究内容多以思政教育和创业文化为基础，着力构建良好的高校创新创业教育生态；非师范类高校硕博论文往往以政策和社会经济环境为基础，研究高校创新创业教育如何有效地落到实处，如何建立有效的实践环节。

表 4   硕博论文的作者机构（学位授予单位）分布

序号	单位	发文量	总参考数	总被引数	总下载数	下载被引比	篇均被引数
1	东北师范大学	30	2310	778	82761	106.38	25.93
2	华中师范大学	23	992	236	21376	90.58	10.26
3	华东师范大学	18	1562	533	46389	87.03	29.61
4	西南大学	18	2773	345	29747	86.22	19.17
5	温州大学	17	885	72	7651	106.26	4.24
6	大连理工大学	16	661	276	29856	108.17	17.25
7	广西师范大学	16	923	82	11094	135.29	5.12
8	吉林大学	15	859	81	10889	134.43	5.4
9	福建师范大学	14	720	30	3163	105.43	2.14
10	河北大学	14	720	120	10337	86.14	8.57

3.6   文献支持基金分布

在检索的 2179 篇文献中，有 249 篇期刊论文和 6 篇硕博论文有相关基金支持。在有基金支持的 249 篇期刊论文中，国家层面基金支持的有 139 篇，占比 55.82%，省级层面基金支持占比 44.18%，这说明我国高校创新创业教育研究形成了以中央为主、地方为辅的格局。在地方基金中，江浙两省的基金支持文献共 72 篇，占比 65.45%，这表明江浙两省十分重视对高校创新创业教育的研究投入。有基金支持的硕博论文仅占硕博论义总数的 0.62%。

3.7   基于发文量的地区研究热度分布

本文对文献（不区分期刊论文和硕博论文）作者机构出现的累计次数（若一篇论文有 N 个同机构的作者，则此机构的频数记为 N；若一篇论文有不同机构的作者，则这些机构的频数按本机构作者的人数分别计数，将统计结果作为热力值）及作者机构所属区域进行统计，具体见表 5。

表5　高校创新创业教育文献作者机构所属地区分布表

地区	省份	热力值	占比/%	合计	比例/%	地区	省份	热力值	占比/%	合计	比例/%
华北	北京	172	43.22	398	15.06	西北	新疆	10	9.80	102	3.86
	天津	66	16.58				甘肃	15	14.71		
	内蒙古	23	5.78				青海	3	2.94		
	河北	96	24.12				陕西	73	71.57		
	山西	41	10.30				宁夏	1	0.98		
华东	上海	99	9.30	1064	40.27	西南	重庆	90	42.45	212	8.03
	山东	77	7.24				四川	84	39.62		
	安徽	44	4.14				贵州	16	7.55		
	江苏	376	35.34				云南	22	10.38		
	浙江	294	27.63				西藏	0	0.00		
	江西	103	9.68			东北	黑龙江	89	24.52	363	13.74
	福建	71	6.67				吉林	85	23.41		
华南	广西	80	34.19	234	8.86		辽宁	189	52.07		
	广东	147	62.82			华中	河南	67	24.91	269	10.18
	海南	5	2.14				湖北	135	50.18		
	香港	2	0.85				湖南	67	24.91		

由表5可知，发文量从大到小依次为华东、华北、东北、华中、华南、西南、西北。华东地区发文量占比40.27%，西北地区发文量占比仅有3.86%，区域之间存在较大差距。江苏、浙江、辽宁、北京、广东、湖北的热力值明显高于其他省份，同时发现高校创新创业教育地区分布呈现从沿海到内陆递减的趋势。发文量所占比重较大的省份多集中于沿海地区，华北和沿海地区社会经济发展优于其他地区。由此可以推断，经济发展越好，地方政府、教育等部门对高校创新创业教育愈加重视，也有相应的投入与支持资金，从而进一步激发了这些地区高校对创新创业教育的研究。

3.8　基于关键词的研究热点分析

3.8.1　高频关键词的频数分析

利用BICOMB软件对检索的2179篇文献进行关键词频数统计，得到标准化后的关键词2647个，出现的总频数为8206。本文选取标准化后频次大于等于20的关键词作为高频关键词进行研究，具体见表6。从表中可以看出频次大于等于20的关键词共有41个，占关键词总数的1.55%，其出现频次占关键词总出现频次的43.74%，表明这41个高频关键词足以代表我国高校创新创业教育的研究热点。除创业教育、创新创业教育、高校、大学生等基础关键词外，对策、创业能力、路径、课程体系等词也频繁出现，这表明我国高校创新创业教育的研究具有多样化、全面化的特点。

表6　高频关键词频次分布表

排名	关键词	出现频次	排名	关键词	出现频次
1	创业教育	863	22	模式	34
2	创新创业教育	437	23	现状	33
3	大学生	383	24	问题	33
4	高校	263	25	创业意识	32
5	创新创业	165	26	创业教育模式	31
6	创业	148	27	创业教育课程	29
7	大学生创业	79	28	大学生创业教育	28
8	创业能力	74	29	创业型大学	27
9	对策	74	30	创业型人才	26
10	思想政治教育	68	31	高等学校	25
11	高职院校	68	32	影响因素	25
12	高校创业教育	60	33	培养	24
13	人才培养	58	34	协同创新	24
14	地方高校	51	35	创业实践	23
15	创新	51	36	启示	22
16	专业教育	44	37	教育模式	21
17	路径	40	38	就业	21
18	高校创新创业教育	37	39	美国	21
19	课程体系	36	40	创业精神	20
20	高等教育	36	41	培育	20
21	生态系统	35	合计		3589

4　研究结论

通过对高校创新创业教育研究文献的分析，主要得出如下结论：

从文献数量的年度演进来看，我国高校创新创业教育已经经过了萌芽期、高速发展期，开始迈入成熟阶段；从文献的发文期刊、基金支持来看，我国高校创新创业教育研究呈现以国家为主、地方为辅的格局；地方基金中江浙两省的基金支持文献较多，占地方基金总支持文献的60%以上。从发文机构、作者和地区分布来看，高校创新创业教育研究机构主要为各综合类大学的二级学院，以管理类学院与教育类学院为主；华东等经济发达地区对高校创新创业教育的研究较多，同地区之间的作者合作研究的概率较大，且以同校、同机构合作为主，合作机构数量以2~3居多。从关键词分析来看，研究热点集中在人才培养模式、创新创业教育、理论与实践结合等方面。

根据上述研究结论，结合高校创新创业教育中存在的实际问题，提出以下建议。

第一，提升研究深度与质量。现有的研究大多集中于对我国大学生创新创业教育的浅层次分析，且研究领域之间的联系较少，缺乏针对性的研究和样本之间的差异性分析。因此，研究者应结合我国不同地区、不同类型高校的实际需求构建科学、务实、有效的大学生创新创业教育体系。

第二，拓宽研究范围，加强研究合作。我国现有的研究仅局限于教育类的范畴，从单一的学科视角研究问题容易导致研究内容缺乏新意且具有一定的局限性，研究范围不够广泛。研究者需要加强横向合作，加强跨学科、跨领域方面的研究，努力不断拓宽研究范围，从多学科、多角度全面研究高校创新创业教育问题。

第三，丰富研究方法。研究发现，在2000多篇论文中，除了少数论文采用了多群组结构方程模型、主成分回归方法等定量方法外，大多数学者均采用描述与阐释等思辨性的方法，缺乏实证方面的研究。因此，采用定性与定量相结合的研究方法显得尤为重要。

参考文献

[1] 吴洁,牛彦飞.创新驱动背景下高校创新创业人才培养机制[J].教育与职业,2019 (23):63-67.

[2] 赵国靖,池莉莎,鞠志梅,等.我国高校创业教育课程设置的现状分析——基于三所大学的实证研究[J].教育理论与实践,2019,39(06):28-30.

[3] 卢扬奎.高校创新创业教育面临的困境及拓展路径探索——以广西民族大学为例[J].学校党建与思想教育,2019(04):59-61.

[4] 王辉,邱杨.新时代高校创业教育工作的机遇与挑战[J].学校党建与思想教育,2019 (04):62-64.

[5] 肖俊生.构建大学生创业创新教育体系的对策和建议[J].实验技术与管理,2018,35 (12):202-205.

[6] 章利华,刘涛,黄思杰.推进校办产业系统协同对接高校创新创业[J].中国高等教育,

2018(24):34-36.

[7] 毛红芳,吴耀武.我国创客研究热点知识图谱[J].中国高校科技,2018(07):84-86.

[8] 刘新民,王译晨,范柳.国内外创业教育研究现状、热点领域及发展趋势的对比分析[J].高教探索,2018(06):113-122.

[9] 李宏贵.创业教育实践机制研究——基于社会认知的视角[J].技术经济与管理研究,2016(12):35-40.

[10] 刘丽红,曲霞.论高校创新创业教育与劳动教育的同构共生[J].中国青年社会科学,2020,39(01):103-109.

[11] 蔺艳娥.我国创新创业教育研究热点的共词可视化分析[J].教育评论,2017(11):80-83,112.

[12] 张宝生,祁晓婷.我国创业教育研究演进路径及热点主题可视化分析[J].图书情报工作,2017,61(S2):81-87,98.

复合型学科专业的生态系统

——以房地产开发与管理专业为例

张程程

摘　要：复合型学科专业的教学和科研工作往往需要不同的学科资源进行支撑。此文从生态系统的角度，从专业群落特性、专业群落生长环境等方面探讨复合型学科专业的发展路径。

关键词：复合型学科；生态系统

"十三五"期间，我国高等学校的改革和发展进入了新阶段。从结构调整的角度，高等学校不仅要做"加减法"，还要做"乘除法"。所谓做"乘法"，就是在学科专业体系建设上加快发展复合学科、交叉学科；在人才培养上加快培养复合型人才、交叉型人才。"乘法"要求学科与学科、专业与专业、研究与应用通过碰撞、融合、协同形成学科创新、科技创新、管理创新、产业创新。

1　复合型学科专业的内涵

复合型学科是指由多学科交叉融合、多学科交叉复合形成的新型学科、新兴学科，意在培养复合型人才。复合型学科专业整合多个学科或专业知识体系的信息、数据、技术、视角、概念和理论，以促进基础理解或解决单一学科或领域难以解决的问题。

我国高等学校本科教育把专业设置为"学科门类""学科大类（一级学科）""专业（二级学科）"3个层次。2011年颁布的《学位授予和人才培养目录》将学科分为哲学、经济学、法学、教育学、文学、历史学、理学、工学、农学、医学、军事学、管理学和艺术学13个学科门类，每个学科门类下有若干个一级学科，每个一级学科下又有若干个二级学科。

复合型学科专业可以分为两类：一是由单个学科衍生发展形成的，体现了学科发展的内在逻辑，如生物化学等，其属于基础研究领域的复合学科；二是解决自然科学、社会科学等问题的专业，其横跨了多个学科领域，如工程管理、生物医学等，其属于应用研究领域内的复合学科。

作者简介：张程程，硕士，徐州工程学院管理工程学院讲师，从事高等教研及房地产方向的研究。

2 复合型学科专业发展的虚拟生态系统

2.1 复合型学科专业虚拟生态系统的含义

一般专业只涉及一个学科及行政管理部门，其教学、科研、实验实训等活动都在单独的教学单位的"学科内"完成，该学科教师拥有特定学科的专业知识，能够较为全面地讲授学生所需知识和进行人才培养。

而复合型学科专业常常涉及多个教学单位的学科专业，其教学、科研、实验实训等活动都不能由一个学科部门独立完成，如房地产开发与管理专业，不仅需要土木工程类学院讲授工程类课程，也需要经济管理类学院讲授管理类课程。故多个教学单位教学和科研等资源的集聚，就会围绕复合型学科专业形成特定的虚拟生态系统，支持此复合型专业的运行及发展。

复合型学科专业的虚拟生态系统，不仅要有教师的人力集聚、知识融合，还要实验实训条件等资源的输入，也要有学生发展、课程教材开发、科学研究等成果的输出，这个循环和社会、学校支持交叉学科的大环境政策，共同形成了非学院实体的虚拟运行平台，可以称之为虚拟生态系统。

2.2 复合型学科专业的群落特性

资源的集聚会自然地形成其载体种群和群落，群落是生态系统中具有直接或间接关系的多种生物种群有规律的组合群体，其内部关系呈现为寄生、竞争、捕食和共生。复合型学科专业的组织形式与群落有着相似的特征，它是由教师、学生、学院管理者、教务管理者等众多教学主体有机组合而成的大型集群，各方之间有着复杂的存在关系。

这个复合型学科群落虽然因为教学单位的行政分割会造成教师主体的不同、科研平台和输出成果的不同、教学单位管理甚至教务管理的不同等，但因教研工作具有各个学科的综合性和统一性，其教研活动会形成天然的"圈"或界限，而这个界限类似于生态学中的群落概念。

以房地产开发与管理专业为例，房地产开发与管理专业具有土木工程和管理学两个学科的复合特性。在教学方面，其不仅需要土木工程类学院讲授工程造价、工程制图、建筑施工等课程，也需要经济管理类学院讲授管理学、工程经济学、金融学等课程，其各门课程的教师可能来自于不同的教学单位，受不同教学单位的管理，甚至具有不同的教务考核方式；在科研方面，房地产开发与管理专业的实践实习也需要共用土木工程类实验室、信息管理类 ERP 平台等。

2.3 复合型学科专业群落生长的环境机制

自然界的环境指的是光照、氧气、水、土壤养分、温度等所有会影响群落生存的因素。光照会给生物个体带来光合作用，氧气、水可以提供其生存必需的基础资源，土壤可以提供平台并供给营养，温度可以提供舒适的生长环境等。每一个环境因子都对群落中的生物个体成长起着一定的作用。

复合型学科专业的群落，其也具有支持专业生长的环境机制，这个环境机制对专业群落中的各个专业要素发挥影响、提供支持，就像个体生长的营养输入，支撑着其生存和发展。复合型学科专业的支持环境要素，既有物质的实验实训平台和科研部门机构，也有教学考核机制、教师交流机制，这些环境机制同时作用于复合型学科专业群落，相辅相成，互动互补，共同为复合型学科专业群落的生长提供物质和机制帮助。

2.4 复合型学科专业的虚拟生态系统

复合型学科专业群落与支持其生长的环境机制，共同形成一个以单个专业为载体的虚拟生态系统，这个虚拟生态系统与其他专业生长的生态系统相似或部分重叠，同时又具有一定的独立性。专业群落与其支持环境是互相依附的关系，一方面，专业群落依靠特有的环境机制才能有所生存；另一方面，环境机制又受专业群落的特性影响，其需要不断调整，从而为专业群落的生长提供营养。

以房地产开发与管理专业为例，工程类或管理类的教师在整个教研活动中处于初级生产者的地位，相应学科教学单位和教务部门为监督者和管理者，承担着次级生产者的任务，专业学生作为最终的知识受众无疑是消费者的角色，上述所有人共同构成了房地产开发与管理专业的群落。这个专业群落与支持其生长的环境机制如科研协同机制、土木类实验室共享、教师互动等共同构成了跨土木类、管理类学科的虚拟生态系统（图1）。

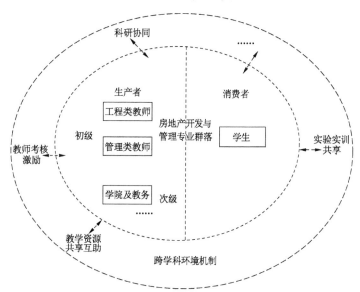

图1 房地产开发与管理专业的虚拟生态系统

3 复合型学科专业发展的建议

3.1 重视复合型学科专业发展，形成专业体系

复合型学科专业的生存需要不同学科的参与和支持，现实情况下往往会因为教学管理部门的割裂使复合型学科专业的发展需要"左右逢源"，没有支撑主体，这会导致复合型学科专业的师生没有依靠感，而单一的专业管理者也难以独立地对复合型专业进行教学管理，复合型学科专业分学科、分模块的教研现象较为普遍。这就需要为复合型学科专业专门设计一个发展系统，使其与其他单项学科专业一样，在理论建设、政策指导、资源供给、师生认同等方面拥有明确的成长路径，形成成文的、专业的系统性规范。

3.2 加强复合型学科专业的师资队伍建设

复合型学科专业师资队伍薄弱是个普遍问题，而培养复合型人才需要拥有较强复合型知识的教师群体。因此，复合型学科部门需要建立一个多学科复合型的教学团队，使各个学科的教师能更好地交流合作，以共同立题研究、共谋学科发展方式逐步形成学科群。同时，重视教师学科水平的提升，开展教研活动，实行合作共享，最终建设一支具备多学科知识、理论实践水平扎实的师资队伍。

3.3 加强对复合型学科专业的支持力度，多方筹集环境要素

复合型学科专业的发展离不开教师的交流、教学互助、科研协同创新、实验实训共建共享等外部机制，但现实中对于复合型学科专业来说，这些机制往往并不健全或者难以有效利用。没有特定的专业实验室、没有完善的教研机构，是复合型学科专业的资源短板，其他专业的资源应用起来又不是特别顺畅，这就导致复合型学科专业的发展遇到资源瓶颈。所以高校需要不断丰富复合型学科专业的环境资源要素，提升支持力度，使其他专业的资源能够顺利被复合型学科专业拥有和使用，实现真正的共建共享。

3.4 循序渐进是复合型学科专业发展的必由之路

在复合型学科专业的前期发展中，往往需要借用大量相关专业的现有资源和成果，来完成复合型学科专业的初期发展目标。随着复合型学科专业发展进入成长期，再依靠"借来的资源"已经不能适应持续发展的需要，这就需要复合型学科专业自身凝练教研方法和方向，它也是专业能否真正立足的根本所在。所以，任何专业的发展都需要尊重规律，循序渐进地推进，急于求成的发展模式很可能会导致复合型专业流于形式，难以形成自身的专业特色。

参考文献

[1] 张怀印．复合型知识产权人才培养与知识产权交叉学科设置的必要性[J]．长春教育学

院学报,2020(5):4-10.

［2］ 徐水太,马彩薇.工程造价本科专业应用复合型人才培养模式研究[J].建筑与预算,2020(5):14-17.

［3］ 张晓报.跨学科人才培养模式的划分框架及启示[J].江苏高教,2014(3):34-36.

［4］ 张炜,颜盼盼.美国华盛顿大学跨学科教研融合模式及经验启示[J].科技管理研究,2016(23):121-125.

［5］ 向诚,黄宗明,张云怀.打破学科专业束缚 按行业大类定位培养复合型专业学位人才[J].学位与研究生教育,2016(2):29-34.

高校毕业生就业决策困难对策分析

田 静

摘 要：高校毕业生面临外部就业形势严峻、自身就业能力不足、高校资源及社会资源有限等就业决策困难的局面。为应对比往年更加迫切的就业难问题，提升高校精准就业指导的实效性迫在眉睫，这对于高校毕业生、高校人才培养具有深刻意义。高校应优化职业指导教育、拓展多元化线上就业渠道、加大毕业生就业帮扶，高校毕业生也要树立正确的就业观、择业观，这样才能缓解就业难问题。

关键词：高校毕业生；就业决策困难

高校毕业生的就业问题一直以来都是高校学生工作关注的重点，2020 年受疫情的影响，春季招聘工作直接受到冲击，高校毕业生求职受阻。疫情一方面给毕业生就业带来了很多挑战，使得本就严峻的就业形势变得更加复杂，另一方面毕业生在求职择业的关键期出现决策困难。如何打好就业指导服务攻坚战，积极应对疫情带来的就业负面效应，缓解大学生就业压力，推动与促进大学生就业，调适大学生心理健康，值得高校管理与服务人员进一步深入探讨和研究。

1 就业决策困难

1.1 就业决策困难的概念和内涵

就业决策困难是指毕业生在做出就业决策时遇到的各种问题，也是毕业生的一种压力、焦虑体验。国外学者 Gati、Krausz 和 Osipow 以"理想职业决策者"模型为基础，并按职业决策的不同阶段对职业决策困难的结构进行分析，认为职业决策困难主要包括 3 个维度和 10 个方面。3 个维度为：缺乏准备、缺乏信息、不一致的信息。其中，缺乏准备是指缺乏就业动机，持有犹豫不决和失调的信念；缺乏信息是指缺少就业决策过程的信息，自我认知不够，缺乏就业市场、岗位需求等外部环境的信息；不一致的信息指不准确的信息或存在内部或外部冲突的信息，如与重要他人和内在自我冲突的信息。10 个方面为：缺乏动机、犹豫不决、错误的信念、缺乏决策过程的信息、缺乏自我的信息、缺乏职业的信息、缺乏获得信息的方式、不可靠的信息、内部冲突、外部冲突。

作者简介：田静，徐州工程学院讲师，研究方向为大学生思想政治教育。

1.2 高校毕业生就业决策困难的影响因素

1.2.1 外部就业形势严峻

高校扩招导致高校毕业生数量大幅增长，加上社会上各种待业人员，有限的就业岗位无法满足需求量；疫情下，人口聚集型的服务类产业收到严重冲击，短期内对经济产生了一定的影响，部分单位招聘需求缩减，导致高校毕业生就业机会减少；更为突显的影响表现再高校毕业生的求职心理上，外部严峻的就业形势使毕业生产生了焦虑心理。

1.2.2 高校毕业生就业能力不足

（1）缺乏充分的职业探索

有研究表明，毕业生职业探索对就业决策困难有预测作用，职业探索中的自我探索维度能负向预测就业决策困难中的缺乏信息及不一致的信息两个维度，环境探索维度能负向预测缺乏信息这一维度。也就是说，毕业生的内在探索和外在探索越少，所面临的就业决策困难就越大。

（2）求职技能欠缺

高校毕业生在进行职业规划课程学习中，无法真正掌握课程中的简历制作、面试技巧等技能型的知识，只是将其作为课程考查的必备材料，没有真正花工夫和精力去打造个人简历、吸取面试经验、提高面试水平。许多书本上的知识变成了纸上谈兵，学生缺乏实践运用技能，学生的简历制作水平、笔试、面试水平一直处于较低水准，无法顺利就业。所以，高校毕业生在求职简历制作与投递、网络面试技巧等应聘技能方面还有待提升。

（3）求职心态被动消极

求职心态消极，缺乏统一动员和激励机制。受疫情影响，高校毕业生自卑、焦虑、抑郁、依赖等就业心理冲突更加凸显。究其原因，一是高校毕业生职业观、薪酬观不正确，择业观与企业需求存在矛盾，职业生涯规划不明晰，导致岗位期望与个人能力存在偏差，理想自我与现实自我存在距离，使高校毕业生择业时在职业、地域、创业的选择方面出现盲目从众、功利化和比较心理。二是毕业生对自己能否胜任工作持怀疑态度，在与综合实力更强的高校毕业生同时竞争时显得自信心不足。三是在招聘信息集中时段和就业机会高峰期，高校毕业生的就业紧迫感、自觉性和主动性不强。

1.2.3 高校资源及社会资源有限

高校重视理论教育，虽然部分专业有实习安排，但依然无法为大学生做出成熟的职业决策提供保障，只有理论教育结合实践经验才能使学生更好地掌握技能；就业实践基地的缺乏及实践项目的不足导致大学生的实践经验缺乏。另外，劳动力市场中就业信息不够广泛，以及用人单位能为大学生提供的实习岗位较少也是毕业生就业决策困难的原因之一。

2 高校毕业生就业决策困难的对策

2.1 优化职业指导教育

与专业教学相比，职业指导教育在整个人才培养过程中并没有得到应有的重视，相关课程在实施过程中的质量与效果得不到有效的监督与评估。高校应以教育部有关职业指导教育的要求为基础上，结合专业，真正将职业生涯规划、职业知识学习、职业实践探索乃至创业实践融入人才培养的整个过程，打破专业教育与职业指导教育相对立的尴尬局面，在培养学生专业能力的同时，培养学生在面临就业选择时能理性地根据自身特点与行业发展情况等因素做出合理就业决策的能力。高校要重视大学生职业生涯规划教育，强化大学生自我认知。可通过潜能激发、价值观澄清、职业探访、角色扮演、生涯座谈等团体辅导方式和职业决策指导系统，帮助学生探索自我、了解个人职业兴趣与职业理想、了解影响职业抉择的因素，从而提高职业决策效能，降低职业决策困难。

2.2 拓展多元化线上就业渠道

巨大的就业压力要求高校要为毕业生不断拓宽多源性、多层次的可靠就业渠道，使毕业生在疫情平稳后的新产业和就业新形态中，具备及时分析国家和政府的就业政策、获取充足的就业信息资源和科学分析就业环境发展趋势的能力。在这种形势下，学校要保障疫情期间校园主招聘渠道不断线，同时持续联系和引入就业资源，契合毕业生的求职步伐和节点，注重活动时间安排和宣传力度，组织重点企业专场宣讲、校友企业定向招聘、行业内双选会、专场招聘会等线上网络校园招聘特色系列活动，最大限度地为毕业生提供就业机会。

2.3 加大毕业生就业帮扶

高校应优化就业指导服务，加大对毕业生的就业帮扶。一是在就业辅导、挖掘市场资源、档案托管等方面为毕业生提供更多的方便；二是做好特殊群体帮扶工作。尤其是对心理亚健康、家庭经济困难等学生的就业推荐和帮扶；三是利用大学生创业园、孵化园，鼓励大学生从事低门槛、低风险、低成本的电子商务等行业，或进行自主创业；四是在疫情平稳之后为高校毕业生提供充足的择业时间，降低毕业生求职的心理压力。

2.4 高校毕业生要树立正确的就业观和择业观

高校毕业生在寻找工作机会的过程中较多地依赖于家庭社会资本和父母的决策，这种思想也直接影响了毕业生在就业决策时的自我评价。从长远来看，需要进一步加强对大学生独立自主意识与能力的培养，培养大学生为自己的职业、自己的未来负责的意识，让"择业""就业决策"不再难。同时，大学生要进行准确的自身定位，认清就业环境，树立正确的就业观和择业观，抛弃简单、幼稚、片面的思维方式，健全人生观、价值观、世界观，形成积极向上、稳定平和的心理品质。

面对严峻、复杂、不容乐观的就业形势，高校务必要高度重视疫情影响下的毕业生就业工作，强化学校领导和指挥，创新工作方式方法，采取诸多措施做好服务、引导、帮扶、危机干预等工作，切实解决好毕业生遇到的现实问题，最大化减轻疫情带来的影响，缓解毕业生的就业决策困难，充分协助毕业生顺利毕业和就业。

参考文献

［1］ 覃小红. 新型冠状肺炎疫情防控下高职院校毕业生管理初探［J］.科学咨询（教育科研），2020（10）:99.

［2］ 石玲. 疫情之下高校推进毕业生就业工作的路径研究［J］.大众标准化,2020（04）:93-95.

［3］ 温晓年. 新冠肺炎疫情影响下地方高校做好毕业生就业工作对策研究 ［J］.宿州教育学院学报,2020,23（01）:40-42.

［4］ 吴智军,杨叶玲. 大学生职业决策困难的动因与对策［J］.闽南师范大学学报（哲学社会科学版）,2017（03）:147-149.

［5］ 杨雯. 重大疫情下高校精准就业指导的现实审视与实践路向［J］.中国大学生就业,2020（16）:58-64.

君子之交与高校学生宿舍和谐人际关系

贾振领

摘　要：当前高校学生宿舍人际关系面临体制上的"管理真空"、生源上的"个性独立"、关系上的"错综复杂"等问题。君子之交追求的是人我之间的和谐，它讲求克己复礼、自省修身，和而不同、求同存异，重义轻利、仁义忠信，是传统人际交往的理想状态。在高校学生宿舍倡导"君子之交"旨在引导学生在行为、语言、情感方面加强内在修养，在思想统一、权益分配、纪律遵守上达成共识，从而建立和谐的宿舍人际关系。

关键词：君子之交；高校；宿舍人际关系；和谐

1 引　言

　　学界对高校学生宿舍人际关系已有较多的研究，但就和谐人际关系的建立，学者们多从道德调节完善、心理调适辅导、公寓教育管理、家庭教育影响等方面去探讨，很少从传统文化中寻求智慧。王亚娟从道德调节的角度提出自觉遵守社会公德，培养理智、宽容、仁慈之心，注重人文关怀和心理疏导。张黎等提出，在大学新生刚入学时对宿舍成员进行恰当的团体辅导干预，可以防患于未然，增进宿舍人际关系。张彩霞强调要做好预防工作，加强管理人员队伍建设，完善宿舍危机干预体系。邓凤英认为应以家长为纽带，不断优化家庭教育环境。

　　君子文化是中华传统文化的制高点、融汇点、落脚点，君子之交追求的是人我之间的和谐，它是传统人际交往的理想状态。孔子是传统君子文化的奠基人，习近平总书记在纪念孔子诞辰 2565 周年国际学术研讨会上指出："努力实现传统文化的创造性转化、创新性发展，使之与现实文化相融相通，共同服务以文化人的时代任务。"目前，学界对君子之交的现代价值有一定的研究，杜欣从现代人际交往与社会和谐发展的角度探讨君子之交的价值；邵朴从培育当代仁爱之心、完善现代礼仪规范、构建社会诚信秩序等方面寻求君子人格对现代社会的意义；王光从政治哲学语境中君子人格的角度，探求其与当代中国社会价值共识的契合性，提出发挥政府公民教育职能以弘扬君子文化积极意义的观点；张贻珉提出在当代环境下，应以科学的态度对待，用创造性的方法实

作者简介：贾振领，硕士，徐州工程学院管理工程学院讲师，研究方向为思想政治教育。
基金项目：徐州市社会科学研究（重点项目）"大学生人文素质提升研究"（18XSZ–184）。

践，在恰当的位置弘扬孔子君子观。学界对高校宿舍和谐人际关系的建立有较多的探讨，但还很少涉及我国的传统文化，尤其是君子文化。对于"君子之交""君子人格"，学者们已认识到其在调节人际关系、构建和谐社会等方面的价值，但尚未论及高校学生宿舍人际关系，本文将"君子之交"与高校学生宿舍和谐人际关系结合起来进行探讨。

2 当前高校学生宿舍和谐人际关系面临的问题

2.1 体制上的"管理真空"

高校后勤社会化之后，学生公寓传统的管理模式逐渐瓦解，很多高校学生公寓的服务管理工作由后勤集团或物业公司承担。在市场经济思维的影响下，公寓的服务管理工作类似于现代宾馆服务，后勤集团或物业公司的主要工作是为高校学生提供良好的日常生活保障，而对学生之间看不见、摸不着的人际关系关注较少。加之我国高校逐步推行"学分制"，传统班级的概念逐渐弱化，宿舍作为大学生人际交往圈的作用越来越大，学生在公寓区接触的多了，引发矛盾与冲突的概率也大大增加。传统管理模式的消解，学校相应管理的弱化，导致学生宿舍人际关系管理越来越趋于"真空化"。

2.2 生源上的"个性独立"

从当前高校生源的角度，"00后"逐渐成为主力大军，他们大多为"独生子女"，在家里备受宠爱，这些新千年出生的学生享受着较好的生活条件，他们崇尚自由，追求个性独立。马川指出，"00后"大学生价值取向更加多元化，部分学生功利主义、实用主义倾向明显，"00后"大学生自我意识更强，维权意识也更强，人际冲突和矛盾更难调解。义务教育阶段，迫于升学考试的压力，他们每天忙于学习和考试，客观上转移与压制了很多矛盾与冲突。进入大学之后，部分学生在思想与行为上较为放松，学生之间一旦产生矛盾，个性独立的双方往往各执己见，不肯让步，这也使高校学生公寓人际关系面临更大的压力。

2.3 关系上的"错综复杂"

高校宿舍的学生来自四面八方，成长背景、经济水平、个性特点、生活习惯、兴趣爱好、价值取向、学习积极性等不尽相同，这些差异都有可能引发矛盾。在对宿舍人际关系产生影响的因素中，生活习惯因素占51%，具体为不讲个人卫生、不打扫宿舍卫生，休息时间大声打接电话，休息时间开灯，宿舍水电费的缴纳等问题。这些看似"家长里短，鸡毛蒜皮"的小事可能会带来激烈的冲突。笔者在实际工作中遇到过这种情况，宿舍熄灯后，A 同学在宿舍走廊说话，打扰到了复习考研的 B 同学，B 同学和 A 同学理论，两人因口角不依不饶，并有肢体上的接触，因两位同学分属不同宿舍，后两个宿舍的同学纠缠厮打在一起，造成多位学生身体受伤。也有些宿舍学生因为经济水平、兴趣爱好、生活习惯的不同，宿舍大集体分化为两个小集体，两个小集体在宿舍日常生活的方方面面进行着长期的"冷战"。从全国高校公寓来看，近些年高校公寓内因人际关系不和谐而产生的诸如"室友投毒"的恶性事件也偶有发生。高校毕业生在网络上发表的"感恩室友不杀之恩"，虽是调侃戏谑之语，但也反映出大学生宿舍人际关系问题的普遍性。

面对以上诸多问题，高校教育工作者要进一步拓展公寓育人思路，提升教育管理水平。如何有效弥合差异，化解矛盾冲突，传统的"君子之交"人际相处方式为我们提供了很好的参照。

3 君子之交的内涵与现实指导意义

余英时先生指出："君子从单指身份地位的概念到获取道德品质的内涵，经历了漫长的演变。这个过程大概在孔子之前便已开始，但在孔子手中得以完成。"君子一词原指国君之子，后泛指执政者或贵族等有一定政治地位的人，孔子把高尚的道德品质引入君子的内涵，赋予了君子全新的意义，奠定了中华文化中君子文化的基本意义。君子之交，顾名思义，即是君子与人的交往。《礼记·表记》有云："故君子之接如水，小人之接如醴；君子淡以成，小人甘以坏。"《庄子·山木》曰："君子之交淡若水，小人之交甘若醴"。《论语》中对君子有大量的论述，有助于深刻理解君子之交的内涵，如"君子不重，则不威，学则不固。主忠信。无友不如己者，过则勿惮改。"(《学而》)；"君子欲讷于言而敏于行。"(《里仁》)；"君子道者三，我无能焉：仁者不忧，知者不惑，勇者不惧。"(《宪问》) 等。《论语》中还将君子与小人作对比，如"君子成人之美，不成人之恶。小人反是"(《颜渊》)；"君子喻于义，小人喻于利。"(《里仁》)；"君子和而不同，小人同而不和。"(《子路》)；"君子求诸己，小人求诸人。"(《卫灵公》)。后世对君子之交也多有论及，如《抱朴子·疾谬》云："君子之交也，以道义合，以志契亲，故淡而成焉。"诸葛亮《诫子书》曰："夫君子之行，静以修身，俭以养德。非淡泊无以明志，非宁静无以致远。"近人李叔同有言："君子之交，其淡如水。执象而求，咫尺千里。"楼宇烈先生用十个字概括君子的德行，即孝、诚、敬、智、仁、勇、礼、义、廉、耻。综上，君子之交可归结为：克己复礼、自省修身、诚敬谦和、仁爱忠信、和而不同、重义轻利。无论是内在修养还是与人交往，君子之交追求的都是和谐，即自我身心的和谐，人与人的和谐，乃至社会、国家、世界的和谐。"通过挖掘和弘扬君子文化，在全社会大兴君子之风、大行君子之道、铸造君子人格，必将使君子文化这株传统文化浩瀚森林中最为郁郁葱葱的千年老树，在新时代抽出新的枝条，长出繁茂绿叶。"在高校学生宿舍倡导君子之交，对于调节学生宿舍人际关系的矛盾，建立和谐人际关系，进一步完善公寓教育管理具有重要意义。结合当前高校学生宿舍人际关系的状况，倡导君子之交，即强调自省修身、诚敬谦和、仁爱忠信以加强行为举止、语言交流、情感表达上的修养，提倡求同存异、重义轻利、克己复礼以在思想认识、权益分配、纪律遵守上达成共识。

3.1 以自省修身加强行为举止上的修养

自省修身，即常常反省自身的行为举止，保持对个人身心状况的高度觉知，不断提升个人修养与精神境界。自省修身的出发点是重视他人的感受与集体的利益，公寓集体生活需要有互不干扰的意识，成员之间要有互相礼让的雅量，有互相帮助的精神。在公寓区倡导自省修身，应强调行为举止上的和谐，倡导"同住一个宿舍"的集体意识，共同学习、生活、实践的精神理念，并以此来规范自身的行为。现实中，有些关系不和谐的宿舍正是因为缺乏这样的集体意识与精神理念，如某位同学在休息时间大声打电话、唱歌，或是某位同学个性较强、不合群，喜欢独来独往，不愿意和室友一起行动。长此以往造成的后果就是宿舍成员之间矛盾重重，个别同学被其他室友孤立，成为宿舍人际关系中的"孤岛"。因此，学校应倡导学生积极参加集体活动，鼓励以宿舍为单位组织开展各类文化活动，逐步培养、强化学生的宿舍集体意识。新生入学之初，学校都会组织学生进行军训，这对增进学生之间的了解、培养集体意识具有很好的作用，可在此基础上，着力培养学生的宿舍集体意识，如开展以宿舍为单位的训练、比拼、联谊活动。当然，这里的集体意识并不是一味地追求以集体为重，而是要建立在充分尊重每一位学生独立人格与性格特点的基础上。"自省修身"还要教育学生保持个人身心和谐健康。由于网络等娱乐设施的完备，不少学生上网、游戏、娱乐直至深夜，长此以往，不仅损害自身健康，荒废了学业，也经常因此引发宿舍矛盾。应教育学生重视自身的身体健康，树立身心健康意识，养成科学健康的生活习惯。

3.2 以诚敬谦和加强言语沟通上的修养

在高校公寓生活中，一些极为激烈的冲突往往就是因为日常生活中的一句话。倡导诚敬谦和，即保持言语交流上的和谐状态，教育学生尽量避免口舌上的争辩与冲突，多进行正向积极的沟通。大学生在宿舍生活中，言语上要小心谨慎，彼此之间应互相尊重，多讲敬语、谦语、善语，以真诚之心欣赏、赞叹他人。由于宿舍成员相处的时间较长，彼此了解的程度较深，有时难免出现一些不愉快，甚至产生矛盾冲突，一旦人际关系变得紧张，彼此在言语上要尽量避免无意义、斗争性的争论，应试着心平气和地进行体谅式的正向交流。此外，大学生不仅要在人际关系紧张时保持诚敬谦和，还应在人际关系处于和谐时避免口无遮拦。关系亲密的室友，彼此之间也应保持一定的距离，言语上保持尊重，只有这样，和谐稳定的人际关系才能长久。

3.3 以仁爱忠信加强情感交流上的修养

和谐的宿舍人际关系离不开情感上的交流，倡导仁爱忠信，即是培养学生的仁爱之心、忠信之情。大学生在宿舍生活中，应以仁爱之心、忠信之情来悦纳对方，在宿舍内营造一种友爱宽容、有情有义的氛围。仁者爱人，倡导仁爱即教育学生在情感上多顾忌他人的感受。家庭经济困难的学生可能比较敏感，其他同学一些无意的言行会给他们带来较大的情感伤害与心理压力。除此之外，室友之间的成长经历、兴趣爱好、生活习惯等也不尽相同，应教育学生在日常交往中注意保护他人的情感。《论语·学而》有云："主忠信。无友不如己者，过则勿惮改"，提倡忠信，应教育学生在情感交流中秉持忠义和诚信，学会欣赏室友的长处，在相处中一旦自己有了过错，应该勇于改正并承担相应的责任；提倡忠信，还应引导学生在相处中保持真诚、自然的情感交流，只有这样，和谐稳固的情感关系才能建立起来。

3.4 提倡求同存异在思想认识上达成共识

求同存异，即是宿舍成员以开放包容的心态建立共识。求同存异并不是让大家摒弃自己的感受与观点，使一个团体的见解成为"一言堂"，而是在良性沟通、互相尊重的基础上达成共识。如前所述，高校学生宿舍人际关系面临多方面的差异和冲突，因此，提倡求同存异应在公寓区建立这样一个共识：高校学生居住在一起是为了建立和谐的人际关系与毕生的友谊，室友之间理应互相勉励、互帮互助，共同完成学业、成长成才；每一位同学都有发表个人见解的权利。如果在人际相处中出现任何摩擦或是矛盾，都应以这样的共识来进行积极地沟通。求同存异需要在公寓管理工作中把好入学教育的第一关，注重对新生的教育。大学新生刚进入校园时，他们对人际交往既憧憬、期待，又有一定的焦虑、担心。充分利用好新生入学的"关键期"，注重情感熏陶与以理服人，采用集中统一教育、主题讨论会、模范宿舍座谈会、团体辅导活动、宿舍情景剧等多种形式，对新生进行求同存异的教育，可取得事半功倍的效果。

3.5 提倡重义轻利在权益分配上达成共识

重义轻利，即是在道义与利益冲突的情况下，不计较个人的得失而坚守道义。在公寓区坚守道义，即在各种权益面前保持平等、公平、分享的态度。重义轻利要求宿舍成员摒弃以个人利益为中心的狭隘思想，让每一位同学都能平等地享有公寓区的生活空间与各项服务。重义轻利并不是要求人们完全放弃对利益的追求，重义轻利还表现在以道义来平衡权益的分配。对于少部分"00后"来说，他们在成长过程中从家庭、学校、社会中得到了过分的关注与关爱，使得他们过于以自我为中心，以自己的利益为重，在这样的背景下重义轻利的理念教育就显得更为重要。例如，在实际工作中，有不少宿舍经常因为宿舍水电费的缴纳问题而产生矛盾，有些同学认为自己用的水电较少，应该少缴纳费用。树立重义轻利的理念，应引导学生以道义来平衡权益的分配，宿舍成员共同商定一个公平合理的办法，这样就能有效避免矛盾。从公寓管理的实践层面，可组织开展"文明宿舍""和谐宿舍"的创建活动或以宿舍为单位的文化活动，以此来增强宿舍成员之间的团结协作、共建共享的道义精神。

3.6 提倡克己复礼在纪律遵守上达成共识

克己复礼，即约束自身的言行，使之合乎礼制。公寓区是集体生活的场所，为了照顾大多数学生的利益，必须用一定的规则来约束人的行为。宿舍成员应树立高度的规章制度意识，自觉遵守公寓管理制度。学校应在入学教育中着重培养新生的规章制度意识，在日常的公寓管理工作中做到规章制度严格执行、真正落地。在规章制度的制定上，应调动学生的积极性，鼓励学生参与规章制度的制定、施行和修改。大学生还可根据各自宿舍的具体情况，讨论拟定本宿舍的生活规范，以维护宿舍正常的学习和生活秩序，从而建立和谐稳定的人际关系。

4 结 语

我国著名心理学家丁瓒教授曾谈道："人类的心理适应，最主要的就是对人际关系的适应。所以人类的心理病态，主要是由于人际关系的失调而来。"建设和谐的高校宿舍人际关系，不仅有利于大学生身心的健康和谐发展，也为大学生成长成才、和谐校园的建设提供良好条件。《教育部关于进一步加强高等学校学生公寓管理的若干意见》中提出，学生公寓是学生日常生活与学习的重要场所，是课堂之外对学生进行思想政治工作和素质教育的重要阵地。高校学生公寓被学界称为学生的"第一社会""第二家庭""第三课堂"，在学生正式进入社会，走上工作岗位之前，高校公寓是学生学习如何与他人建立和谐人际关系的练兵场。高校学生之间人际关系的建立、形成与发展，学生宿舍发挥着比较重要的作用。我国传统君子文化涉及人的行为、言语、情感，涵盖思想观念、纪律遵守、利益分配，对当前大学生宿舍人际关系具有很好的调节与指导作用。大学生是民族的未来与希望，君子之交所追求的"和谐"思想对学生不仅具有即时的教育作用，而且具有长远的影响。可以说，倡导君子之交，对于学生进入社会后建立和谐的职场关系、和谐的家庭关系，乃至对建立和谐社会都有一定的促进作用。

参考文献

[1] 王亚娟.高校学生宿舍人际关系的道德调节[J].思想理论教育,2013(11):89-92.

[2] 张黎,李亮,袁小钧,等.大学新生宿舍人际关系团体辅导效果分析[J].中国学校卫生,2018,39(07):1095-1097.

[3] 张彩霞.基于大学生宿舍人际关系特点的高校学生管理模式创新[J].教育与职业,2016(07):113-116.

[4] 邓凤英.高校学生宿舍和谐人际关系的构建研究[D].济南:山东师范大学,2018.

[5] 钱念孙.君子文化在传统文化中的地位和影响[J].学术界,2017(01):118-124.

324-325.

[6] 杜欣.从君子之交看先秦儒家人际传播思想[D].合肥:安徽大学,2019.

[7] 邵朴.《论语》君子人格思想研究[D].保定:河北大学,2017.

[8] 王光.政治哲学语境中的君子人格及其当代反省[J].道德与文明,2015(03):95-99.

[9] 张贻珉.孔子君子观[D].北京:北方工业大学,2018.

[10] 马川."00后"大学生心理健康水平的实证研究——基于近两万名2018级大一学生的数据分析[J].思想理论教育,2019(03):95-99.

[11] 阿不力克木·艾则孜,孙兰英,阿拉法特·克依木.高校宿舍人际关系及宿舍管理研究[J].中国职业技术教育,2016(09):92-96.

[12] 余英时.儒家"君子"的理想.现代儒学的回顾与展望[M].北京:三联书店,2004.

[13] 楼宇烈.君子的意义与德行[J].道德与文明,2016(06):5-8.

[14] 吴远,施春华.大学生实用心理学[M].南京:河海大学出版社,1999.

[15] 丁笑生.大学生公寓文化建设的实践与思考[J].河南师范大学学报(哲学社会科学版),2013,40(05):174-176.